진정
그대라면 非诚勿扰

진정
그대라면
非诚勿扰

임영택 역

學古房

머리말

　사랑은 어느 날 문득 도둑처럼 찾아들곤 한다. 철없는 어린아이에게도, 가슴 뜨거운 젊은이에게도, 머리 희끗한 중년의 가슴에도 말이다. 한때의 열병으로 끝나기도 하고, 오래도록 가슴 깊은 아련한 추억이 되기도 하고, 때로는 자신이 갈망하던 진정한 사랑이 되어 주기도 한다. 이런 사랑이 있기에, 그리고 이 사랑이 우리의 삶을 가치있게 하기에, 인생은 아직 살 만하지 않은가…

　미국에서 생계를 꾸려가던 친펀은 어느 날 새벽이슬처럼 찾아온 뜨거운 사랑에 휘감기게 된다. 그러나 결국 이룰 수 없었던 그 사랑에 몸부림치며 가슴 치는 회한 속에 살아가지만, 어느 순간 다시 새로운 삶의 반려자를 찾아 나서게 된다. 인터넷을 통한 공개구혼, 다양한 여성들과의 여러 차례 만남, 그리고 그에게 다가선 새로운 사랑의 설레임. 이미 어떤 한 남자를 깊이 사랑하고 있는 샤오샤오는 친펀에게 마음을 둘 여지가 없다. 다만, 이룰 수 없는 사랑에 대한 간절한 몸부림으로 친펀을 향한 역설적인 사랑의 감정이 싹트게 되는데…

　슬프고 아련한 사랑의 도피를 위해 홋카이도로의 여행을 제안하는 샤오샤오, 그녀는 여행을 통해 새로운 인생과 사랑을 시작하고 싶었을 게다. 일본으로의 외진 여행 속에 그녀는 이미 친펀이란 한 남자의 순수함과 솔직함에 점차 마음이 끌리게 된다. 어느 것 하나 손해볼 게 없었던 친펀에게, 어릴 적 친구와 동행하게 된 일본여행이란 그저 잘만 하면 생각지도 못한 예쁜 여자를 하나 건질 수 있는 심심풀이 땅콩이었을지도 모른다. 그러나 이들 세 사람이 함께 겪게 되는 여러 차례의 에피소드, 그리고 그 속에서 발견하고 확인하게 되는 서로를 향한 애틋한 사랑의 감정과 애착…

　이룰 수 없는 사랑과 새로이 다가온 설익은 감정 속에 갈등을 겪던 샤오샤오는 자신속에 내재한 순수한 애정과 낯설고 두려운 사랑의 벽을 넘지 못하고, 결국 극단적인 선택으로 자신의 처연한 삶을 마감하고자 하는데…

　이 영화의 주인공인 친펀이나 샤오샤오가 바로 나 자신이라면 어떻게 하겠는가? 어느 날 내게 새로운 사랑이 찾아온다면, 그것이 내가 바라던 바로 그런 가슴 뜨거운 사랑이라면… 내 삶을 송두리째 내어 주어도 아깝지 않을 그런 사랑이 내게 찾아온다면,

그것이 바로 "진정 그대라면…"

   '북경자전거'에 이어 영화를 통한 중국어학습을 기획하며 이 교재를 새로이 만들었다. 유머러스한 스토리 전개와 탄탄한 구성, 그리고 그 속에 녹아있는 우리네 삶에 대한 깊은 성찰, 그리고 가치있는 사랑에 대한 신념, 누구나 꿈꾸는 한 편의 아름다운 사랑의 서사가 이 영화 속에 고스란히 녹아있다. 사랑조차도 점차 현실적으로만 변해가는 우리네 그릇된 삶과 가치관에 따듯한 유머와 풍자를 통해 인간성 회복에 대한 어떤 메시지를 던져주고 싶은 것이 바로 이 영화를 지탱하는 뜨거운 에너지일 것이며, 우리가 늘 보아왔던 중국영화의 감동이라 할 수 있겠다. 바로, '진실이 아니면 방해하지 말아달라(非诚勿扰)'는 이 영화의 제목은 그간 우리의 경박한 인성에 깊은 경종을 울려주며, 또한 오늘날 각박한 세태의 삶을 따갑게 질타하고 있는 듯하다. 이 한 편의 중국영화를 통해 중국어를 듣고 말하는 학습과 동시에 우리 자신의 삶과 사랑을 다시 한 번 돌아볼 수 있는 계기를 마련해보면 어떨까 싶다.

2015년 1월 12일
흰돌에서…

목차

冯小刚 作品

故事：冯小刚 陈国富

领衔主演：葛优　　舒淇

特别客串：范伟　　方中信(Alex Fang)　　徐若瑄(Vivian Hsu)
　　　　　　冯远征　　胡可　　邬逸聪　　车晓

摄影指导：吕乐

美术指导：石海鹰

造型指导：文念中

剪接指导：刘淼淼

剪接：肖洋

作曲：刘沁 刘锐

录音指导：王丹戎

特效指导：费尔钟斯

特效总监：蒋燕鸣

策划：杨庭恺 何丽嫦

联合监制：张大军 刘艳娥

制片主任 / 执行制片人：胡晓峰

监制：陈国富

制片人：王中磊

编剧·导演：冯小刚

Féngxiǎogāng 작품

이야기(플롯)：Féngxiǎogāng　　Chénguófù

주연：Gěyōu　　Shūqí

특별 출연：Fànwěi　　Fāngzhōngxìn　　Xúruòxuān

　　　　　　Féngyuǎnzhēng　　Húkě　　Wūyìcōng　　Chēxiǎo

촬영 지도：Lǚlè

미술 지도：Shíhǎiyīng

이미지 지도：Wénniànzhōng

편집 지도：Liúmiǎomiǎo

편집：Xiāoyáng

작곡：Liúqìn　　Liúruì

녹음 지도：Wángdānróng

특수효과 지도：Fèiěrzhōngsī

특수효과 총감독：Jiǎngyànmíng

기획：Yángtíngkǎi　　Hélìcháng

공동감독：Zhāngdàjūn　　Liúyàné

제작주임 / 프로듀서：Húxiǎofēng

감독：Chénguófù

제작자：Wángzhōnglěi

시나리오 · 총감독：Féngxiǎogāng

剧中人(등장인물)

【秦奋】Qínfèn: 葛优

【范先生】Fànxiānsheng: 范伟

【梁笑笑】Liángxiàoxiao: 舒淇

【已婚男人】유부남: 方中信

【性冷淡女】성 냉담녀: 车晓

【炒股人】주식투기녀: 胡可

【未婚妈妈】미혼모: 徐若瑄

【墓地推销员】묘지 판매원: 何佳怡

【同性恋】동성애자: 冯远征

【已婚男人老婆】유부남 아내: 李琳

【邬桑】Wūsāng: 邬逸聪

【范先生的秘书】Fàn선생의 비서: 巩新亮

【苗族女】먀오족 아가씨: 罗海琼

●●●기타 등장인물

二宮さよ子

蹞村みとり

雪代敬子

松浪志保

山田幸伸

丰海蓝

相原雄太

高桥正伦

●●●용어해설

Ⓜ : 명사 ⓓ : 대명사 ⓥ : 동사 ⓗ : 형용사

ⓑ : 부사 ⓢ : 상태형용사 ⓙ : 전치사 ⓙ : 조사

ⓙ : 접속사 ⓖ : 감탄사 ⓨ : 양사 ⓖ : 고유명사

ⓢ : 수사

01

人类的未来究竟在哪里？

Rénlèi de wèilái jiūjìng zài nǎ li？

文明薪火相传的背后，是永无休止的分歧。

Wénmíng xīnhuǒ xiāngchuán de bèihòu, shì yǒngwúxiūzhǐ de fēnqí。

当分歧无法解决时，悲剧就发生了。

Dāng fēnqí wúfǎ jiějué shí, bēijù jiù fāshēng le。

历史的车轮还会这样转下去吗？

Lìshǐ de chēlún hái huì zhèyang zhuǎnxiàqù ma？

我有一个梦想。

Wǒ yǒu yí ge mèngxiǎng。

我梦想，有一天，有一样东西，能将世界上所有的争端都化为无形，刀枪入库，铸剑为犁。

Wǒ mèngxiǎng, yǒu yì tiān, yǒu yíyàng dōngxi, néng jiāng shìjièshàng suǒyǒu de zhēngduān dōu huàwéi wúxíng, dāoqiāngrùkù, zhùjiànwéilí。

我梦想，有一天，有一个方法，能解决人类所有的分歧。

Wǒ mèngxiǎng, yǒu yì tiān, yǒu yí ge fāngfǎ, néng jiějué rénlèi suǒyǒu de fēnqí。

大地鲜花盛开，孩子们重展笑颜。

Dàdì xiānhuā shèngkāi, háizimen chóngzhǎn xiàoyán。

我有一个梦想，二十一世纪什么最贵？

Wǒ yǒu yí ge mèngxiǎng, èrshíyī shìjì shénme zuì guì？

和谐!

Héxié!

01

인류의 미래는 도대체 어디에 있단 말인가?

문명의 횃불이 전해진 배경에는 영원히 멈추지 않는 다툼이 있기 마련....

분쟁이 해결될 방법이 없다면, 비극은 곧 발생하고 말리라.

역사의 수레바퀴는 또 이렇게 굴러간단 말인가?

나에겐 꿈이 하나 있어요.

내 꿈이란, 어느 날, 하나의 물건으로 세상의 모든 분쟁의 씨앗을 없애버리고, 무기를 창고에 거두어 들이며, 칼을 녹여 쟁기로 만들어 버리는 것이에요.

난 또 꿈을 꾸지요. 어느 날, 한 가지 방법으로 인류의 모든 다툼을 해결하는 것이지요.

대지의 꽃들은 만발하고, 아이들 얼굴엔 다시 웃음꽃이 피어오른답니다.

나에겐 꿈이 하나 있죠. 21세기에 가장 귀중한 것은 무엇일까요?

화해!

●●● 단어

究竟 [jiūjìng] ㉿ 도대체, 결국, 대관절, 필경, 어쨌든

薪火 [xīnhuǒ] ㉱ 횃불, 관솔불

永无休止 [yǒngwúxiūzhǐ] 영원히 쉬는 일이 없다, 멈추지 않는다.

分歧 [fēnqí] ㉱ 어긋남, 불일치, 분쟁   ㉦ 어긋나다, 엇갈리다, 갈라지다.

悲剧 [bēijù] ㉱ 비극, 비참한 일

车轮 [chēlún] ㉱ 차바퀴, 수레바퀴, 차륜

争端 [zhēngduān] ㉱ 분쟁의 실마리, 쟁단

化为 [huàwéi] ㉦ ~이 되다, ~으로 변하다. (=变为)

刀枪入库 [dāoqiāngrùkù] [성어] 무기를 창고에 넣다, 전쟁을 끝내다.

铸剑为犁 [zhùjiànwéilí] [성어] 칼을 녹여 쟁기를 만들다, 전쟁을 종식시키다.

笑颜 [xiàoyán] ㉱ 웃는 얼굴, 웃음 띤 표정

02

秘书：范先生!

Fànxiānsheng!

范先生：这个，这个发明家叫什么名字来的呀？

Zhè ge, zhè ge fāmíngjiā jiào shénme míngzi lái de ya？

秘书：秦奋。秦朝的秦，奋斗的奋。他在客厅等您。

Qínfèn。Qíncháo de qín, fèndòu de fèn。Tā zài kètīng děng nín。

范先生：请他到餐厅等我。

Qǐng tā dào cāntīng děng wǒ。

秘书：好的。

Hǎode。

02

秘书 : 사장님!

范先生 : 이.... 이 발명가 이름이 뭐라고 했지?

秘书 : '친펀(秦奮)'이요. '진나라'할 때 '친(秦)'에다, '분투(奮鬪)하다'할 때의 '펀(奮)'이
에요.

응접실에서 기다리고 계십니다.

范先生 : 식당에서 기다리시도록 하세요.

秘书 : 네.

● ● ● 단어

秘书 [mìshū] 몡 비서

发明家 [fāmíngjiā] 몡 발명가

秦朝 [Qíncháo] 몡 진나라 왕조

奋斗 [fèndòu] 통 분투하다, 노력하다

客厅 [kètīng] 몡 응접실, 객실

到 [dào] 통 ~까지 미치다, ~에 이르다, 도달하다.

餐厅 [cāntīng] 몡 식당

● ● ● 설명

○ 来的 [láide] 조 ~하였다, ~해왔다. ('来着'와 같은 용법. 과거부터 현재까지 행위가 계속
이어짐을 표현함)

这是我说来的。 (이것은 내가 그전부터 말해 온 것이다)

03

秘书：这位是天使投资人范先生。

Zhè wèi shì tiānshǐ tóuzīrén Fànxiānsheng。

这位是分歧终端机的发明家秦先生。

Zhè wèi shì fēnqízhōngduānjī de fāmíngjiā Qínxiānsheng。

范先生：你看看。我们是说英文呢，还是说中文呢？

Nǐ kànkan。Wǒmen shì shuō yīngwén ne, háishi shuō zhōngwén ne？

秦奋：您定! 您说哪个顺口说哪个，我都行。

Nín dìng! Nín shuō něi ge shùnkǒu shuō něi ge, wǒ dōu xíng。

范先生：那还是说母语吧。Nice to meet you!

Nà háishi shuō mǔyǔ ba。

秦奋：说母语？

Shuō mǔyǔ？

范先生：哎呀! 你看看我。

Āiyā! Nǐ kànkan wǒ。

这个经常不说母语已经不习惯了啊。

Zhè ge jīngcháng bù shuō mǔyǔ yǐjīng bù xíguàn le a。

见到你非常高兴! 幸会! Sit down!

Jiàndào nǐ fēicháng gāoxìng! Xìnghuì!

03

秘书：이 분은 티엔스회사의 투자가이신 판사장님이시구요.

이 쪽은 분쟁해결기를 만드신 발명가 친선생님이십니다.

范先生：대화를 영어로 진행할까요, 아니면 모국어로 할까요?

秦奋：정하시지요! 선생님께서 편하신대로 해주십시오. 저는 다 괜찮으니까요.

范先生：그럼, 역시 모국어가 좋겠군요. Nice to meet you!

秦奋：모국어라구요?

范先生：아이고! 이런.... 모국어를 안 써 버릇 하니까 입에 익지가 않아서 말이에요.

만나서 기뻐요! 반갑소! Sit down!

●●● 단어

投资人 [tóuzīrén] 몡 투자자　投资: 동 투자하다

终端机 [zhōngduānjī] 몡 해결기, 단말장치, 터미널(terminal)

还是 [hái] 젭 또는, 아니면 (선택의문문에 사용되어 선택 의미를 표시함)

顺口 [shùnkǒu] 혱 (말이) 술술 나오다, 유창하게 말하다

(음식 등이) 입에 맞다, 구미에 맞다

幸会 [xìnghuì] 동 [경어] 만나서 반갑습니다, 만나 뵙게 되어 영광입니다

●●● 설명

○ 了 [le]: 조 어떠한 상태나 상황의 변화를 나타내는 어기조사(语气助词).

문말에 사용되므로, 완성 의미의 '了'와는 구별해야 한다.

의미는 '~(게) 되다', '~(해)지다', '~(이) 되다' 등이다.

1. 'V+了'：苹果熟了 ｜ 休息了

2. 'V+O+了'：我现在有电影票了

3. 'V+了+O+了'：我已经买了三本书了

4. 'A+了'：橘子红了 ｜ 头发白了

5. 'N+了'：春天了 ｜ 二十岁了

秘书：您请!

Nín qǐng!

范先生：具体地讲一讲吧。

Jùtǐdi jiǎng yi jiǎng ba。

这个，你那个发明是基于怎么样的考虑？

Zhè ge, nǐ nà ge fāmíng shì jīyú zěnmeyàng de kǎolǜ?

秦奋：世界上之所以战火不断，冲突加剧，根源就是分歧得不到公正的裁决。

Shìjièshàng zhīsuǒyǐ zhànhuǒ bú duàn, chōngtū jiājù, gēnyuán jiù shì fēnqí débudào gōngzhèng de cáijué。

范先生：啊，接着说!

Ā, jiēzhe shuō!

秦奋：我们小时候都玩过一种游戏。锤子，剪子，布! 您也会玩吧。

Wǒmen xiǎo shíhou dōu wánrguo yì zhǒng yóuxì。Chuízi, jiǎnzi, bù! Nín yě huì wánr ba。

范先生：嗯!

Ēn!

秦奋：其实那是一种解决分歧，最原始、最有效的方法。

Qíshí nà shì yì zhǒng jiějué fēnqí, zuì yuánshǐ、zuì yǒuxiào de fāngfǎ。

可是为什么我们长大了以后，就不用这种方法了呢？

Kěshì wèishénme wǒmen zhǎngdà le yǐhòu, jiù bú yòng zhè zhǒng fāngfǎ le ne?

●●●설명

○V不到 : 술보구조식 중 'V+不到' 가능보어식. 긍정형은 'V+得到'. 동작, 행위의 가능을 나타냄. 见不到 ∣ 说不到 ∣ 等不到 ∣ 料不到

○V过 : '过'는 동사 뒤에 결합되는 動態助詞(동태조사). 동작, 행위의 경험을 표시함.

○会 : '会'는 동사 앞에 위치하는 조동사로서 '(배워서) ~을 할 수 있다, ~할 줄 알다'의 의미를 나타낸다. 단독으로도 사용할 수 있다.

秘书 : 앉으세요!

范先生 : 구체적으로 좀 얘기합시다. 당신의 그 발명이란 게 어떤 아이디어에 근거한
거죠?

秦奋 : 전세계적으로 전쟁이 끊이지 않고 충돌이 더욱 격화되는 근본 원인을 따져보자
면, 서로간 의견의 불일치로 인해 공정한 판결을 얻지 못하기 때문이죠.

范先生 : 아! 계속 말씀하세요!

秦奋 : 우리가 어릴 적에 흔히 하던 놀이 중 '바위, 가위, 보!'란게 있습니다. 할 줄 아시
죠?

范先生 : 그럼요!

秦奋 : 사실은 그것이 의견 차이를 해소시키는 가장 원시적이고도 효과적인 방법이랍
니다. 그러나 우리가 성장한 이후로는 왜 이런 방법을 사용하지 않게 되었을까
요?

●●●단어

基于 [jīyú] 전 ~에 근거하다
之所以 [zhīsuǒyǐ] 접 ~의 이유, ~한 까닭
战火 [zhànhuǒ] 명 전쟁, 전화, 전쟁의 불길
冲突 [chōngtū] 명동 모순, 충돌, 모순되다, 상충하다, 부딪치다
加剧 [jiājù] 동 격화하다, 심해지다, 지나치다
得 [dé] 동 얻다, 획득하다
裁决 [cáijué] 동 결재하다, 판결하다, 헤아려 결정하다
接着 [jiēzhe] 부동 잇따라, 연이어, 계속하여, 받다, 따르다, 좇아가다
锤子 [chuízi] 명 망치, 장도리, 저울추, 가위바위보의 '바위'
剪子 [jiǎnzi] 명 전단기, 가위, 큰 가위, 가위바위보의 '가위'
布 [bù] 명 베, 포, 보자기, 가위바위보의 '보'
其实 [qíshí] 부 사실은, 실제는, 실은
解决 [jiějué] 동 해결하다, 풀다, 소멸하다, 없애버리다, 제거하다
原始 [yuánshǐ] 형 최초의, 오리지날, 원시의
有效 [yǒuxiào] 형 유효하다, 유용하다, 효력이 있다, 효과가 있다

范先生：为什么呢？

Wèishénme ne?

秦奋：因为它有两个弊端。

Yīnwèi tā yǒu liǎng ge bìduān。

一个是出手的快慢，另一个就是临时变换手型。

Yí ge shì chūshǒu de kuàimàn, lìng yí ge jiù shì línshí biànhuàn shǒuxíng。

范先生：噢!

Ō!

秦奋：临时变换手型。

Línshí biànhuàn shǒuxíng。

范先生：锤子，剪子，布。弹簧手，耍赖。

Chuízi, jiǎnzi, bù。 Tánhuángshǒu, shuǎlài。

秦奋：分歧终端机的问世，一举攻克了这个难题。

Fēnqízhōngduānjī de wènshì, yījǔ gōngkè le zhè ge nántí。

您拉着这儿。把手伸进去。不是头，是手!

Nín lāzhe zhèr。 Bǎ shǒu shēnjìnqù。 Bú shì tóu, shì shǒu!

我们现在来猜输赢。锤子，剪子，布! 你出了吗？

Wǒmen xiànzài lái cāi shūyíng。 Chuízi, jiǎnzi, bù! Nǐ chū le ma？

范先生 : 왜죠?

秦奋 : 거기에는 두 가지 폐단이 있는데, 하나는 손을 뻗는 속도에 차이가 있을 수 있고,
또 하나는 바로 순간적으로 손모양을 바꿀 수가 있다는 것이 문제죠.

范先生 : 오!

秦奋 : 순간적으로 손모양을 바꿀 수가 있습니다.

范先生 : 바위, 가위, 보! 자유자재로군. 시치미를 떼버리면 그만이겠어.

秦奋 : 이 '불협화음해결기'의 탄생이 이러한 난제를 단방에 해결해버렸죠.
이쪽을 잡으시고, 손을 집어넣어 보세요. 얼굴이 아니라 손이요!
그럼 우리 승패를 가려봅시다. 바위, 가위, 보! 내셨습니까?

●●●단어

弊端 [bìduān] 몡 폐단, 폐해, 부정, 병폐

快慢 [kuàimàn] 몡 속도, 속력

临时 [línshí] 혱 잠시의, 임시의, 일시적인

变换 [biànhuàn] 됭 변환하다, 바꾸다, 바꾸어지다

弹簧 [tánhuáng] 몡 용수철, 스프링

耍赖 [shuǎlài] 됭 생떼를 쓰다, 억지를 부리다, 짓궂은 짓을 하다

问世 [wènshì] 됭 세상에 나오다, 발표되다, 출판되다

一举 [yìjǔ] 툄몡 일거에, 단번에, 한 번의 행동, 한 차례의 동작

攻克 [gōngkè] 됭 공격하다, 점령하다, 함락시키다, 정복하다

难题 [nántí] 몡 난제, 풀기 어려운 문제

拉 [lā] 됭 끌다, 잡아당기다

猜 [cāi] 됭 추측하다, 알아맞히다, 추정하다, (짐작하여) 맞추다

输赢 [shūyíng] 몡 승패, 승부

●●●설명

○着 : [zhe] 조 1. 동작의 진행: ~하고 있다, ~하고 있는 중이다. ('V+着'형식으로서 동사
앞에는 부사 '正', '在', '正在' 등이 올 수 있으며, 문말에는 '呢'가 온다.)
人们跳着, 唱着 | 雪正下着呢 | 他们正开着会呢

2. 상태의 지속: ~해 있다, ~한 채로 있다. (동사, 형용사 뒤에 사용하며,
앞에 부사 '正', '在', '正在' 등을 사용할 수 없음)
门开着呢 | 他穿着一身新衣服 | 屋里的灯还亮着

范先生：出了。

Chū le。

秦奋：我喊一二三，咱俩同时拉开。一，二，三!

Wǒ hǎn yī èr sān, zán liǎ tóngshí lākāi。Yī, èr, sān!

范先生：噢，有意思! 嗯! 耍不了赖了。你发明的啊？

Ō, yǒu yìsi! Ēn! Shuǎbuliǎo lài le。Nǐ fāmíng de a？

秦奋：我发明的。你试想一下。

Wǒ fāmíng de。Nǐ shìxiǎng yí xià。

如果这位漂亮的小姐，咱们俩都喜欢。

Rúguǒ zhè wèi piàoliang de xiǎojiě, zánmen liǎ dōu xǐhuan。

范先生：她指定不能跟你。

Tā zhǐdìng bù néng gēn nǐ。

秦奋：我是举例子。

Wǒ shì jǔ lìzi。

如果人手一只分歧终端机，科索沃战争、巴勒斯坦问题、美国总统换届，选白人，而选黑人，Win or lose, Choose decide!

Rúguǒ rén shǒu yì zhī fēnqí zhōngduānjī, kēsuǒwò zhànzhēng、bālèsītǎn wèntí、měiguó zǒngtǒng huànjiè, xuǎn báirén, ér xuǎn hēirén。

范先生：Super Good!

范先生：냈어요.

秦奋：제가 '하나, 둘, 셋' 하면 동시에 잡아 당기는 겁니다. 하나, 둘, 셋!

范先生：오! 재미있군! 음, 억지를 부릴 수가 없겠어! 당신이 직접 발명한 겁니까?

秦奋：제가 발명한 겁니다. 한 번 생각해 보시죠. 만일 이 예쁜 아가씨를 우리 두 사람이 다 좋아한다면.

范先生：저 여자는 절대 당신을 따르진 않을 거요.

秦奋：예를 든 것뿐입니다. 만일 손 한 쪽을 분쟁해결기 안에 넣으면, 코소보전쟁이나 팔레스타인 문제, 또는 미국 대통령선거처럼 흑인이냐 백인이냐, 승리냐 패배냐를 따져야 하는 문제는.... 결정하세요!

范先生：Super Good!

●●● 단어

喊 [hǎn] [동] 외치다, 소리지르다, 고함치다
指定 [zhǐdìng] [동] (사람, 시간, 장소 등을) 지정하다, 확정하다
跟 [gēn] [동] 따라가다, 좇아가다, 뒤따르다, 붙다
科索沃战争 [kēsuǒwò zhànzhēng] [고] 코소보(Kosovo)전쟁(1999년 3월부터 6월까지 나토(NATO)가 유고슬로비아에 대해 감행한 전쟁)
巴勒斯坦 [Bālèsītǎn] [고] 팔레스타인(Palestine)
换届 [huànjiè] [동] (임기가 만료되어) 새 임원으로 교체하다

●●● 설명

○ 拉开: 'V+开'에서 '开'는 붙어있는 것이나 닫혀있던 것이 떨어짐을 표현하는 補語. 의미는 '열리다', '떨어지다'.

打开(열다, 펼치다) | 撕开(찢어버리다) | 想开(머리에 떠오르다)

○ V不了: '不了'는 동사 뒤에 붙어 동작이 완료, 완결될 수 없음을 나타냄. '~할 수 없다'

走不了 | 受不了 | 拿不了 | 忘不了 | 干不了

형용사 뒤에서 상태의 불가능을 나타냄.

少不了 | 错不了

양적인 표현에 주로 쓰임.

吃不了 | 说不了

○ Choose decide! / Super Good! : 영어문법에 맞지 않는 일종의 Chinglish.

秦奋：分歧终端机广泛应用于生活的各个领域，它是一个划时代的产品。

Fēnqí zhōngduānjī guǎngfàn yìngyòngyú shēnghuó de gè ge lǐngyù, tā shì yí ge huà shídài de chǎnpǐn.

范先生：不说了。高科技板块上市，专利我买了。开个价吧。

Bù shuō le. Gāokējì bǎnkuàir shàngshì, zhuānlì wǒ mǎi le. Kāi ge jià ba.

秦奋：二百万吧。

Èrbǎi wàn ba.

范先生：一百万。

Yìbǎi wàn.

秦奋：两百万。

Liǎngbǎi wàn.

范先生：一百万。

Yìbǎi wàn.

秦奋：要不这样吧。它说了算。

Yàobu zhèyang ba. Tā shuō le suàn.

范先生：Good idea!

秦奋：锤子，剪子，布! 好了吗？

Chuízi, jiǎnzi, bù! Hǎo le ma?

秦奋 : 이 분쟁해결기는 모든 생활영역에서 폭넓게 활용이 가능합니다. 새시대를 열어
　　　주는 획기적인 상품이죠.

范先生 : 설명은 됐어요. 하이테크놀로지 쪽에서 먹히겠어. 특허는 내가 사겠소. 가격
　　　이나 불러 봐요.

秦奋 : 이백 만이요!

范先生 : 백 만.

秦奋 : 이 백만.

范先生 : 백 만!

秦奋 : 그럼 이렇게 하시죠. 이 걸로 결판내시지요.

范先生 : 굿 아이디어!

秦奋 : 가위, 바위, 보! 됐습니까?

●●●단어

广泛 [guǎngfàn] 휑 광범위하다, 폭넓다

应用 [yìngyòng] 동 응용하다, 운용(運用)하다, 이용하다, 적용하다

划 [huà] 동 긋다, 가르다, 나누다, 구분하다, 분할하다
　　　　划时代: 시대를 긋다, 새로운 시대를 열다, 획기적이다

板块 [bǎnkuài] 명 〈地質〉 (판구조 이론에서의) 지각의 판상(板狀) 표층

上市 [shàngshì] 동 출시되다, 시장에 나오다

专利 [zhuānlì] 명 (전매) 특허

开价 [kāijià] 동 가격을 내다, 값을 부르다

要不 [yàobù] 접 그렇지 않다면, 그러지 않으면

算 [suàn] 동 계산하다, 치다, 셈하다, 계산에 넣다, 포함시키다

●●●설명

○VP+于+N : (1) '~에 ~하다', '~에서 ~하다'. '于' 앞에 동사구(VP)가 오고, 뒤에 N(장소,
　　　　　 시간)이 오는 구조. '在'에 상당함.
　　　　　 　他生于1994年 ∣ 这种办法有助于问题的解决
　　　　　 (2) '~에서', '~에서부터'. '于' 뒤에 N(출처, 기점)이 오는 구조. '从'이나 '自'
　　　　　 에 상당함.
　　　　　 　青出于蓝 ∣ 她毕业于北京大学。

○专利我买了 : '专利'가 의미상 '我买'의 목적어이지만 주어 자리에 위치했으므로 주어로
　　　　　 간주한다. 이러한 구조를 '受事主语句'라 한다. 중국어는 화제(話題) 중심의

언어이므로 이러한 구조를 자주 볼 수 있다.　自行车修好了 | 作业做完了

范先生：好了。

Hǎo le。

秦奋：一，二，三!

Yī, èr, sān!

范先生：妥了。愿赌服输，成交。

Tuǒ le。Yuàndǔfúshū, chéngjiāo。

秦奋：我说的是美元。

Wǒ shuō de shì měiyuán。

范先生：少废话! 我说的是英镑。

Shǎo fèihuà! Wǒ shuō de shì yīngbàng。

范先生 : 됐어요.

秦奋 : 하나, 둘, 셋!

范先生 : 결정났군요. 도박은 내 선택이지만 승복할 수밖에, 이걸로 거래 성립입니다.

秦奋 : 저는 달러로 부른 건데요.

范先生 : 헛소리! 난 파운드로 부른 거였소.

●●● 단어

妥 [tuǒ] [형] 타당하다, 적당하다, 적절하다, 온당하다
愿赌 [yuàndǔ] 승부를 겨루려 하다. 내기를 하려 하다
服输 [fúshū] [동] 승복하다, 항복하다, 패배를 인정하다
成交 [chéngjiāo] [동] 거래가 성립되다, 매매가 성립되다
美元 [měiyuán] [명] 달러
废话 [fèihuà] [명][동] 쓸데없는 말(을 하다) =[闲话]
英镑 [yīngbàng] [명] 파운드

●●● 설명

○少废话 : '少说废话'의 줄임말. '少'는 부사어로 사용되어 '그만', '작작' 등의 의미를 나타내며, 명령문에서 상대방 행동을 제지하는 데 쓰인다. 少吃点儿 !

04

(征婚启事)

(Zhēnghūnqǐshì)

秦奋: 你要想找一帅哥就别来了。

Nǐ yào xiǎng zhǎo yī shuàigē jiù bié lái le。

你要想找一钱包就别见了。

Nǐ yào xiǎng zhǎo yī qiánbāo jiù bié jiàn le。

硕士学历以上的免谈。女企业家免谈。

Shuòshì xuélì yǐshàng de miǎn tán。Nǚqǐyèjiā miǎn tán。

括弧,小商小贩除外,省得咱们互相都会失望。

Kuòhú, xiǎoshāng xiǎofàn chúwài, Shěngde zánmen hùxiāng dōu huì shīwàng。

刘德华和阿汤哥那种才貌双全的郎君,是不会来征你的婚的。

Liúdéhuá hé Ātāng gē nà zhǒng cáimào shuāngquán de lángjūn, shì bú huì lái zhēng nǐ de hūn de。

当然我也没做诺丁山的梦。

Dāngrán wǒ yě méi zuò Nuòdīngshān de mèng。

你要真是一仙女,我也接不住。

Nǐ yào zhēn shì yì xiānnǚ, wǒ yě jiēbuzhù。

04

(구혼광고)

秦奋 : 꽃미남을 원하신다면 사절합니다. 부자를 찾으신다면 만나지 않겠습니다. 석사학력 이상자와 여성 사업가 또한 원치 않습니다. 괄호 치고, (단, 소상인은 제외함. 피차의 실망을 피하기 위해서) 유덕화나 톰크루즈처럼 재능과 용모를 갖춘 귀공자가 당신을 찾을 리는 만무할 터... 당연히, 본인도 노팅힐을 꿈꾸진 않습니다. 당신이 만일 선녀라면 나도 또한 받아들일 엄두가 나질 않구요.

●●● 단어

征婚 [zhēnghūn] [동] 구혼하다
启事 [qǐshì] [명] 광고, 공고
要 [yào] [접] 만약, 만일 ~한다면
帅 [shuài] [형] 멋지다, 스마트하다. 帅哥(멋진 남자, 잘생긴 젊은이)
免 [miǎn] [동] 면제하다, 면하다, 허락하지 않다. 免谈(대화 사절)
括弧 [kuòhú] (문장부호로서의) 괄호, 묶음표
小商小贩 [xiǎoshāngxiǎofàn] 소상인, 소매상인. 小商+小贩
除外 [chúwài] [동] 계산에 넣지 않다, 제외하다
省得 [shěngde] [접] ~하지 않도록, ~하지 않기 위해서
阿汤哥 [Ātānggē] [고] 미국 영화배우 톰 크루즈
才貌 [cáimào] [명] 재모, 재능과 용모
郎君 [lángjūn] [명] 낭군, 귀공자
诺丁山 [Nuòdīngshān] [고] 영화 '노팅 힐'(Notting Hill, 1999). 줄리아 로버츠 주연.

●●● 설명

○ V不住 : '~하지 못하다'. 接不住 | 记不住 | 靠不住 | 拿不住
긍정형 'V+住'에서 '住'는 동사 뒤에 결합되어 동작 완성의 안정과 확실성을 표현하는 결과보어로 사용된다.
记住 | 站住 | 捉住 | 抓住

没期待您长得跟画报封面一样，看一眼就魂飞魄散。

Méi qīdài nín zhǎngde gēn huàbào fēngmiàn yíyàng, kàn yì yǎn jiù húnfēipòsàn.

外表时尚，内心保守，身心都健康的一般人就行。

Wàibiǎo shíshàng, nèixīn bǎoshǒu, shēnxīn dōu jiànkāng de yìbānrén jiù xíng.

要是多少还有点婉约那就更靠谱了。

Yàoshi duōshǎo hái yǒudiǎnr wǎnyuē nà jiù gèng kàopǔ le.

心眼别太多，岁数别太小。

Xīnyǎn bié tài duō, suìshù bié tài xiǎo.

会叠衣服，每次洗完烫平，叠得都像刚从商店里买回来的一样。

Huì dié yīfu, Měicì xǐwán tàngpíng, diéde dōu xiàng gāng cóng shāngdiàn lǐ mǎihuílái de yíyàng.

说得够具体了吧。

Shuōde gòu jùtǐ le ba.

화보 표지모델처럼 한 눈에 정신이 혼미해질 꽃미녀는 바라지도 않아요.

그저 외모가 세련되고 보수적인 성품을 지닌, 심신이 모두 건강한 일반인이라면 족합니다.

만일 약간의 완곡미와 함축미까지 갖추었다면 더 말할 것도 없겠고...

마음 씀씀이가 지나치지 않고, 나이도 너무 적지 않았으면 좋겠어요.

옷을 잘 갤 줄 알고, 매번 세탁해서 잘 다림질하여 상점에서 방금 사온 물건처럼 잘 정리해 주면 좋겠어요.

요구가 너무 구체적이었네요.

●●● 단어

期待 [qīdài] 몡동 기대(하다)

封面 [fēngmiàn] 몡 표지, 책의 앞표지와 뒤표지

魂飞魄散 [húnfēipòsàn] [성어] 혼비백산하다

时尚 [shíshàng] 유행, 당시의 풍조, 시대적 풍모

婉约 [wǎnyuē] 웽 완곡하고 함축적이다, 완약하다

靠谱 [kàopǔ] 동 이치에 맞다, 사실에 부합되다

心眼 [xīnyǎn(r)] 몡 내심, 심지, 마음

叠 [dié] 동 개다, 접다, 포개다, 겹쳐쌓다

够 [gòu] 뮈동 제법, 비교적, 자못, 꽤, 충분하다

●●● 설명

○ 형/동+得+상태보어 : '상태보어식(状态补语式)'――동사나 형용사 뒤에 '得'를 동반하여 그 동작·행위의 모습·성질·상태가 어떠한 지를 구체적으로 묘사함.

洗得很干净 ｜ 跑得太累了 ｜ 说得不很清楚 ｜ 写得不好 ｜ 跑得喘不过气来

长得漂亮极了 ｜ 叠得都像刚从商店里买回来的一样 ｜ 说得够具体了

吵得谁的话都听不见

○ V+完 : 동사 뒤에 결합된 '完'은 결과보어로 사용되어 동작·행위의 완성, 완료를 표시함.

洗完 ｜ 卖完 ｜ 写完 ｜ 看完 ｜ 做完

自我介绍一下。我岁数已经不小了。

Zìwǒjièshào yíxià。Wǒ suìshù yǐjīng bù xiǎo le。

日子小康，抽烟，不喝酒。留学生身份出去的。

Rìzi xiǎokāng, chōuyān, bù hē jiǔ。Liúxuéshēng shēnfen chūqù de。

在国外生活了十几年，没正经上过学。

Zài guówài shēnghuó le shí jǐ nián, méi zhèngjīng shàngguoxué。

蹉跎中练就一身生存技能，现在学无所成，海外归来。

Cuōtuó zhōng liàn jiù yìshēn shēngcún jìnéng, xiànzài xué wú suǒ chéng, hǎiwài guīlái。

实话实说，应该定性为一只没有公司、没有股票、没有学位的，三无伪海归。

Shíhuàshíshuō, yīnggāi dìngxìng wéi yì zhī méi yǒu gōngsī、méi yǒu gǔpiào、méi yǒu xuéwèi de, sān wú wěi hǎiguī。

人品五五开，不算老实，但天生胆小，杀人不犯法我也下不去手。

Rénpǐn wǔ wǔ kāi, bú suàn lǎoshi, dàn tiānshēng dǎn xiǎo, shārén bú fànfǎ wǒ yě xiàbuqu shǒu。

总体而言，还是属于对社会有益无害的一类。

Zǒngtǐ ér yán háishi shǔyú duì shèhuì yǒuyì wúhài de yílèi。

有意者电联，非诚勿扰!

Yǒuyìzhě diànlián, fēichéngwùrǎo!

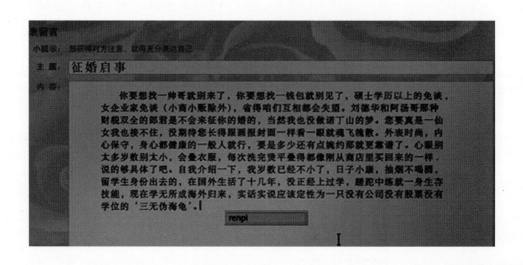

제 소개를 좀 하지요. 나이는 이미 적지 않게 먹었구요, 생활은 그럭저럭 먹고 살 만하고, 담배는 피우지만 술은 안 마십니다. 유학생으로 출국했던 경험이 있고, 외국에서 십 몇 년 정도 살았지만 학교를 제대로 다닌 적은 없습니다.

허송세월 중에도 나름대로 생존방법을 단련했고, 현재는 학위 취득 없이 귀국한 상태입니다. 솔직히 말하자면, 일종의.... 직장도 없고, 주식도 없고, 학위도 없는 '삼무(三無)'유학파라고 정의할 수 있겠네요.

인품은 그럭저럭 괜찮고, 성실한 편은 못 되지만, 그러나 천성적으로 소심해서 사람을 죽이는 것이 범법이 아니라 해도 저는 사람을 죽일 수는 없습니다.

결론적으로 말하자면, 어쨌든 이 사회에 해를 끼치지는 않는 부류에 속합니다.

관심있는 분들은 이메일로 연락 주시구요, 진심이 아니라면 방해하지 마세요!

● ● ● 단어

自我介绍 [zìwǒjièshao] 명동 자기소개(하다)

小康 [xiǎokāng] 형 먹고 살 만하다, 지낼 만하다, 생활수준이 중류이다

抽烟 [chōuyān] 동 담배 피우다 =[吸烟], [吃烟]

正经 [zhèngjīng] 형 (품행, 태도가) 올바르다, 단정하다, 성실하다, 착실하다

蹉跎 [cuōtuó] 동 세월을 헛되이 보내다, 시기를 놓치다, 헛디뎌 넘어지다

无所 [wúsuǒ] 조금도 ~하는 바가 없다. 无所不包 无所不能 无所期求

实话实说 [shíhuà shíshuō] 사실대로 말하다

定性 [dìngxìng] 동 성질을 규정하다, 한계를 분명히 하다

股票 [gǔpiào] 명 주식, 유가증권

伪 [wěi] 형 거짓의, 허위의, 정통이 아닌, 비합법적인

海归 [hǎiguī] 명동 귀국 유학생, 외국유학 후 귀국하다. '海外归来'의 준말.
                海归派   海归族   海龟派   海龟族

算 [suàn] 동 ~인 셈이다, 간주하다(되다), ~로 하다, ~라고 여기다

属于 [shǔyú] 동 (~의 범위에) 속하다

● ● ● 설명

○ V+了+시량보어[时量补语] : 시량보어는 동사의 동작, 행위 지속시간을 표시함.

  生活了十几年 ┃ 等了一年 ┃ 病了一个月 ┃ 睡了两个钟头

○ 五五开 : '좋은 면 50%, 나쁜 면 50%'의 의미.

05

建国：我可以坐这儿吗？

Wǒ kěyǐ zuò zhèr ma?

秦奋：我这儿约人了。

Wǒ zhèr yuē rén le。

建国：没怎么变。还是那么帅。

Méi zěnme biàn。Háishi nàme shuài。

秦奋：认错人了吧。

Rèncuò rén le ba。

建国：我，建国啊! 城建公司的建国。

Wǒ, jiànguó a! Chéngjiàngōngsī de jiànguó。

我变化有那么大吗？你都认不出来啦。

Wǒ biànhuà yǒu nàme dà ma? Nǐ dōu rènbuchūlái la。

秦奋：嗨! 行政处的! 部队文工团转业过来的。

Hāi! Xíngzhèngchù de! Bùduì wéngōngtuán zhuǎnyè guòlai de。

建国：什么行政处的呀？人家后勤的。

Shénme xíngzhèngchù de yā? Rénjia hòuqín de。

05

建国：여기 좀 앉아도 되겠습니까?

秦奋：저는 약속이 돼 있어서요.

建国：뭐 변한 게 없으시네요. 여전히 미남이세요.

秦奋：사람을 잘못 보신 거 같은데요.

建国：나야. 지엔궈라구! 청지엔주식회사의 지엔궈 말이야. 내가 그렇게 많이 변했어? 알아보질 못 하는구만!

秦奋：아이고! 행정부 소속이었지, 참! 전방부대 문화선전공작단에서 전출돼 왔었지.

建国：행정부는 무슨? 병참보급이나 했지 뭐.

●●● 단어

约 [yuē] [동] 약속하다, 초대하다

帅 [shuài] [형] 잘생기다, 멋지다, 스마트하다

认 [rèn] [동] 식별하다, 분간하다

嗨 [hāi] [감] (놀람, 경탄 등을 나타냄) 아이고! 하! 허!

文工团 [wéngōngtuán] [명] 문화선전공작단

转业 [zhuǎnyè] [동] 전업하다, 업종을 바꾸다, 일자리를 옮기다

人家 [rénjiā] [대] 남, 타인, 나, 본인, 이 사람

后勤 [hòuqín] [명] 후방 근무, 병참 보급 업무

●●● 설명

○ 认错 : 'V+A'형식의 결과보어식. '认' 행위의 결과가 '错'임을 표현함.
想错 | 看错 | 听错 | 弄错 | 算错 | 找错

○ A+有+B+这么/那么+형/동 : 'A는 B만큼 이렇게/저렇게 ~하다'. 차등비교에 사용됨.
我变化有那么大吗？ | 我妹妹有我这么高 | 他有你这么胖吗?

秦奋：反正是张罗玩的事的。

Fǎnzhèng shì zhāngluó wánr de shì de。

那时候是一小白脸儿。我记着你一单眼皮啊。

Nà shíhou shì yì xiǎobáiliǎnr。Wǒ jìzhe nǐ yì dānyǎnpí a。

怎么成双的了？

Zěnme chéng shuāng de le？

建国：韩国做的。

Hánguó zuò de。

秦奋：真够巧的。十几年不见这儿碰上。

Zhēn gòu qiǎo de。Shí jǐ nián bú jiàn zhèr pèngshang。

建国：巧什么呀？我约的你。

Qiǎo shénme yā？Wǒ yuē de nǐ。

秦奋：你约的我？

Nǐ yuē de wǒ？

建国：啊! 艾茉莉, 茉莉! 跟这餐厅名一样。

Ā! Àimòlì, Mòlì! Gēn zhè cāntīng míng yíyàng。

人家改名啦。想给你一个惊喜。

Rénjia gǎimíng la。Xiǎng gěi nǐ yí ge jīngxǐ。

秦奋：你这不是逗我捣乱吗？

Nǐ zhè bú shì dòu wǒ dǎoluàn ma？

我登的是一征婚广告啊。

Wǒ dēng de shì yī zhēnghūn guǎnggào a。

秦奋 : 어쨌거나 노는 일이나 꾸미곤 했지 뭐.

그 때에는 작고 하얀 얼굴이었는데. 그리고 눈도 홑꺼풀이었잖아.

어떻게 쌍꺼풀이 되었지?

建国 : 한국 가서 수술한 거야.

秦奋 : 우연도 참 대단하다. 근 십 몇 년을 못 보다가 이런 자리에서 마주치다니.

建国 : 우연은 무슨? 당신하고 약속한 건데.

秦奋 : 자네가 날 부른 거라고?

建国 : 그럼! 아이모리! 모리! 이 식당 이름하고 똑같아.

나 개명했잖아. 당신 놀래 주려고.

秦奋 : 너 지금 나를 헷갈리게 하려는 건 아니지? 내가 올린 것은 구혼광고거든.

●●●단어

张罗 [zhāngluó] 동 기획하다, 처리하다, 접대하다, 대접하다, 준비하다

巧 [qiǎo] 형 공교롭다, 꼭 맞다

碰 [pèng] 동 부딪치다, 충돌하다, (우연히) 만나다, 마주치다

惊喜 [jīngxǐ] 동 놀라고도 기뻐하다

逗 [dòu] 동 웃기다, 어르다, 희롱하다, 놀리다, 끌다, 자아내다, 유발하다

捣乱 [dǎoluàn] 동 교란하다, 소란을 피우다, 방해하다, 혼란시키다, 어지럽히다

登 [dēng] 동 오르다, 올라가다, 기재하다, 게재하다

●●●설명

○V+上 : 동작, 행위가 실현되거나 어떤 목적에 도달하여 결과가 생성됨을 표현함.

碰上 | 考上大学 | 关上门 | 交上女朋友

동작의 시작과 지속을 나타냄.

爱上她 | 传染上流感

○逗我捣乱 : 두 개 이상의 동사(구)가 연용된 연동문[连动句]. 주어는 하나이며, 동작시간

발생의 순서에 따라 동사(구)를 배열해 사용함. 중간에 허사가 개입하지 않음.

‘逗我’+‘捣乱’ 　上街买菜 | 推门进去 | 低头想家 | 下河洗菜

○我约的你 : ‘的’는 술어 동사 뒤에 쓰여 동작의 주체 또는 시간·지점·방식 등을 강조함.

谁买的票？ | 他回来是坐的火车

建国：人想见见你啊。

Rén xiǎng jiànjian nǐ a。

再说了，你广告上也没说男人免谈。

Zài shuō le, nǐ guǎnggàoshang yě méi shuō nánrén miǎn tán。

秦奋：那不是废话吗？

Nà bú shì fèihuà ma？

我还能找一男的，我又不是同性恋。你是....

Wǒ hái néng zhǎo yì nánde, wǒ yòu bú shì tóngxìngliàn。Nǐ shì....

建国：嗯。

Ēn。

秦奋：啊？可是我不是啊。

Ā？Kěshì wǒ bú shì a。

建国：你怎么知道你不是？以前我认为我也不是。

Nǐ zěnme zhīdao nǐ bú shì？Yǐqián wǒ rènwéi wǒ yě bú shì。

可后来我明白了。是不敢面对，没有勇气。

Kě hòulái wǒ míngbai le。Shì bù gǎn miànduì, méi yǒu yǒngqì。

建国 : 자기가 보고싶어서 그런 거지.

　　　그리고 말이야, 당신 광고 어디에도 '남자사절'이란 말은 없던데.

秦奋 : 그 무슨 헛소리야?

　　　내가 남자를 찾겠어? 동성연애자도 아닌데. 너 혹시…

建国 : 맞아!

秦奋 : 응? 그렇지만 난 아니거든!

建国 : 당신이 동성애자 아니란 걸 당신이 어떻게 알아?

　　　예전에는 나도 아니라고만 생각했지. 근데 나중에 알게 됐어.

　　　인정할 용기가 없었던 것 뿐이었지.

● ● ● 단어

同性恋 [tóngxìngliàn] 명 동성애　　男同性恋 게이　　女同性恋 레즈비언

敢 [gǎn] 부동 감히, 대담하게, 감히 ~하다

面对 [miànduì] 동 마주 대하다, 직면하다, 직접 대면하다

勇气 [yǒngqì] 명 용기

● ● ● 설명

○ 문장 분석 :

	你	怎 么	知 道	你	不	是	(同性恋者) ?
	주어		술어				
		술어			목적어		
		부사어	중심어		주어	술어	
					부사어	중심어	

　　당신은 자신이 (동성애자가) 아니란 걸 어떻게 알죠?

你还记得，有一次厂里组织咱们去十渡郊游。

Nǐ hái jìde, yǒu yí cì chǎng lǐ zǔzhī zánmen qù shídù jiāoyóu。

游泳的时候，我脚抽筋了，是你救的我呀。

Yóuyǒng de shíhou, wǒ jiǎo chōujīnr le, shì nǐ jiù de wǒ yā。

秦奋：对，对，对!

Duì, duì, duì!

建国：当时我紧紧地抱着你。你一直在安慰我。

Dāngshí wǒ jǐnjǐnde bàozhe nǐ。Nǐ yìzhí zài ānwèi wǒ。

从那以后我就觉得，和你在一起特有安全感。

Cóng nà yǐhòu wǒ jiù juéde, hé nǐ zài yìqǐ tè yǒu ānquángǎn。

见不到你呀，我真的就想。

Jiànbudào nǐ yā, wǒ zhēnde jiù xiǎng。

秦奋：哎，哎，哎! 你呢，先走了一步。我呢，还没到那种境界呢。

Āi, āi, āi! Nǐ ne, xiān zǒu le yí bù。Wǒ ne, hái méi dào nèi zhǒng jìngjiè ne。

建国：那你为什么这么多年还不结婚？

Nà nǐ wèishénme zhème duō nián hái bù jiéhūn？

秦奋：没找着合适的呗。

Méi zhǎozháo héshì de bei。

建国：得了吧。也许你从心里就排斥女人。

Déle bā。Yěxǔ nǐ cóng xīn lǐ jiù páichì nǚrén。

秦奋：嗯。没有，没有，没有。

Ēn。Méiyǒu, méiyǒu, méiyǒu。

그거 아직 기억하죠? 한 번은 우리 직장에서 다 같이 교외 스뚜로 놀러 갔었잖아. 수영하고 놀 때, 내 발에 쥐가 났었는데 당신이 구해줬잖아.

秦奋 : 그래, 맞아, 맞아!

建国 : 그 때 내가 당신을 꼭 껴안았고, 당신이 계속해서 날 위로해 줬잖아.
이상하게 그 때부터 당신과 함께 한다 싶으면 왜 그렇게 마음이 편안해지던지. 당신을 못 보게 되면, 곧 정말로 그립곤했다구.

秦奋 : 어이, 어이! 너는 한 발 앞서 간 상태이고, 나는 아직 그 경지에까진 이르지 못했어.

建国 : 그럼, 당신은 왜 이렇게 오랜 세월 동안 결혼도 하지 않고 사는 건데?

秦奋 : 적당한 여자를 못 찾았으니 그렇지.

建国 : 됐거든요! 아마도 마음 속에서 여자를 멀리 하려는 것일 거야.

秦奋 : 음... 아니야, 아니야, 그건 아니야.

● ● ● 단어

记得 [jìde] 동 기억하고 있다, 기억이 나다, 잊지 않고 있다
组织 [zǔzhī] 명동 조직(하다), 구성하다, 결성하다
十渡 [shídù] 고 스뚜, 베이징 교외의 관광지명
郊游 [jiāoyóu] 동 교외로 소풍 가다.　　郊游会 야유회
抽筋 [chōujīn] 동 쥐가 나다, 근육이 경련을 일으키다
安慰 [ānwèi] 동형 위로하다, 안위하다, 위로가 되다, 위로를 얻다
觉得 [juéde] 동 ~라고 여기다(생각하다), ~라고 느끼다
特 [tè] 부형 유달리, 매우, 특히, 특수하다, 특별하다, 독특하다
安全感 [ānquángǎn] 명 안도감, 안전감
境界 [jìngjiè] 명 (토지의) 경계, 경지
合适 [héshì] 형 적당(적합)하다, 알맞다
得了 [déle] 동 됐다, 좋다, 충분하다, 그만두자 (금지 또는 허가 표시)
排斥 [páichì] 명동 배척(하다)

● ● ● 설명

○ 找着 : 'V+着'구조에서 '着(zháo)'는 결과보어로 쓰여 목적에 도달하거나 목적이 달성되었음을 표현함. 또는 동작의 완성, 완료를 나타냄. 睡着了 ┃ 猜着了

建国：你是不是特瞧不起我？

Nǐ shì bu shì tè qiáobuqǐ wǒ？

秦奋：没有。绝对没有。

Méiyǒu。Juéduì méiyǒu。

我一直在检讨，为什么那么庸俗。

Wǒ yìzhí zài jiǎntǎo, wèishénme nàme yōngsú。

心里那么大地儿，为什么就装不下一男的，腾出一女的去吧。

Xīn lǐ nàme dàdìr, wèishénme jiù zhuāngbuxià yì nánde, téngchū yì nǚde qù ba。

你猜怎么着，填进来又是一女的。

Nǐ cāi zěnmezháo, tiánjinlai yòu shì yì nǚde。

我问你啊。假如，我跟你一样，我是说假如啊。

Wǒ wèn nǐ a。Jiǎrú, wǒ gēn nǐ yíyàng, wǒ shì shuō jiǎrú a。

我说错你可别生气。

Wǒ shuōcuò nǐ kě bié shēngqì。

建国：讨厌!

Tǎoyàn!

秦奋：算了，我还是别说了。

Suàn le, wǒ háishi bié shuō le。

建国：我知道你想说什么。

Wǒ zhīdao nǐ xiǎng shuō shénme。

在我心里啊，我一直拿你当一大哥哥。

Zài wǒ xīn lǐ a, wǒ yìzhí ná nǐ dāng yí dà gēge。

秦奋：那你还是拿我当一哥吧。

Nà nǐ háishi ná wǒ dāng yì gē ba。

建国 : 당신 나를 극도로 경멸하는 거죠?

秦奋 : 아냐! 그건 절대 아냐. 나는 줄곧 생각을 해보고 있었지. 왜 그렇게 졸렬해졌는지. 마음 속은 넓디 넓은 사람이 왜 한 남자로 떳떳이 살지 못 하고 여자가 되길 원한 건지.

　　　왜 굳이 여자로 탈바꿈한 것인지 한 번 생각해 봐.

　　　이거 하나만 더 묻자. 만일 내가 너와 같다면, 내 말은 만일의 경우를 말하는 거야. 내 말이 틀리더라도 화 내지는 말아 줘.

建国 : 얄미워!

秦奋 : 됐어, 아무래도 말하지 않는 게 좋겠어.

建国 : 난 당신이 무슨 말을 하려는지 다 알아요. 나는 줄곧 마음 속에서 당신을 오빠로 생각해 왔어요.

秦奋 : 그럼 그냥 오빠로만 생각하면 되겠네.

●●● 단어

瞧不起 [qiáobuqǐ] 무시하다, 경멸하다, 깔보다, 업신여기다 =[看不起]

检讨 [jiǎntǎo] 동 (자기의 결점, 과오를) 찾아서 원인을 분석하다, 깊이 반성하다, 비평하다, 검토하다

庸俗 [yōngsú] 형 범속하다, 비속하다, 저속하다, 졸렬하고 속되다

地儿 [dìr] 명 지방, 지구, 장소 =[地力]

装 [zhuāng] 동 싣다, 꾸리다, 포장하다, 적재하다, 담다, 포장하다.

腾 [téng] 동 힘차게 달리다, 질주하다, 도약하다, 뛰어오르다, 올라가다

填 [tián] 동 기입하다, 써 넣다, 채우다, 메우다, 막다

讨厌 [tǎoyàn] 동형 싫어하다, 미워하다, 혐오하다, 꼴보기 싫다, 얄밉다, 밉살스럽다, 혐오스럽다

算了 [suànle] 됐어, 필요없어. 그만두다, 개의치 않다, 내버려 두다, 됐다

当 [dāng] 동 담당하다, 맡다, ~이(가) 되다

●●● 설명

○ 可 : 조 문중에서 어기를 강조할 때 사용함.

○ 腾出一女的去 : 일부 방향보어식은 목적어가 올 때 세 가지 형식이 가능함.

　　拿出一本书来 ｜ 拿出来一本书 ｜ 拿一本书出来

建国：哥!

　　　Gē!

秦奋：哎!

　　　Āi!

建国：皮肤真好。白!

　　　Pífū zhēn hǎo。bái!

秦奋：嗯。

　　　Èng。

建国 : 오빠!

秦奋 : 응!

建国 : 피부가 정말 좋네. 하얀 게...

秦奋 : 그래...

● ● ● 단어

哎 [āi] ㉮ (놀람·반가움 등을 나타내어) 어! 야! 응!

皮肤 [pífū] ㉲ 피부

● ● ● 설명

○ 嗯 : ㉮ 1. 예! 응! (승낙의 뜻)   2. 응? (의문의 뜻을 나타냄)   3. 엉! 흥! (의외, 불만, 반대의 의미)

06

秦奋：第一次见面，对我印象怎么样？

　　Dì yí cì jiànmiàn, duì wǒ yìnxiàng zěnmeyàng？

推销员：跟想的差不多。我其实，不太关心人的外表。

　　Gēn xiǎng de chàbuduō。Wǒ qíshí, bú tài guānxīn rén de wàibiǎo。

　　我看中的是人心善良、孝敬父母的人。就算我没看上你。

　　Wǒ kànzhòng de shì rénxīn shànliáng、xiàojìng fùmǔ de rén。Jiù suàn wǒ méi

　　kànshang nǐ。

　　你也一定能讨到一个好老婆。

　　Nǐ yě yídìng néng tǎodào yí ge hǎo lǎopo。

秦奋：你还真是外表时尚，内心保守啊。难得。

　　Nǐ hái zhēn shì wàibiǎo shíshàng, nèixīn bǎoshǒu a。Nándé。

推销员：你父母亲都还健在吗？

　　Nǐ fùmǔqīn dōu hái jiànzài ma？

秦奋：父亲年前去世了。老母亲还在。

　　Fùqīn niánqián qùshì le。Lǎo mǔqīn hái zài。

　　我怕她身边有事没人，就回来了。

　　Wǒ pà tā shēnbiān yǒu shì méi rén, jiù huílai le。

推销员：你妈妈好大年纪了？

　　Nǐ māma hǎodà niánjì le？

秦奋：七十多了。

　　Qīshí duō le。

推销员：你爸爸呢？安葬在哪个地方了？

　　Nǐ bàba ne？Ānzàng zài nǎ ge dìfang le？

06

秦奋 : 첫 만남인데, 제 인상이 어떤 거 같아요?

推销员 : 생각했던 거랑 똑같네예. 내는 마 사실, 사람의 외모에는 별로 관심이 없어 가꼬예. 중요한 것은 마음이지예. 저는 착하고 부모한테 효성이 지극한 사람을 좋아해요. 당신은 저에게 그렇게 꽂히는 분은 아니네예. 당신도 좋은 마누라를 찾을 수는 있을끼라예.

秦奋 : 당신이야말로 세련된 외모에 전통적인 사고방식을 지녔군요. 보기 드물게...

推销员 : 부모님은 모두 다 건재하시고예?

秦奋 : 아버님은 작년에 돌아가셨고, 어머님은 아직 계세요. 어머님께 혹시 무슨 일이라도 있을까 염려돼서 귀국한 거에요.

推销员 : 어무이는 연세가 많으시지예?

秦奋 : 일흔이 넘으셨어요.

推销员 : 그라모 아버님은 어데다 안장시켜드렸능교?

●●●단어

关心 [guānxīn] 동 (사람, 사물에 대해) 관심을 갖다, 관심을 기울이다

善良 [shànliáng] 형 선량하다, 착하다

孝敬 [xiàojìng] 동 웃어른을 잘 섬기고 공경하다, 효도하다

讨 [tǎo] 동 장가들다, 아내를 맞다, 토론하다, 연구하다, 탐구하다

老婆 [lǎopo] 명 아내, 처, 집사람, 마누라

时尚 [shíshàng] 명 시대적 유행, 당시의 분위기, 시류

难得 [nándé] 형 얻기 어렵다, 하기 쉽지 않다, (출현이나 발생이) 드물다

健在 [jiànzài] 동 건재하다 (주로 나이 든 사람에게 쓰임)

年前 [niánqián] 명 새해 전, 설 전

去世 [qùshì] 동 돌아가다, 세상을 뜨다

怕 [pà] 동 무서워하다, 두려워하다, 근심하다, 염려하다, 걱정하다

●●●설명

∘看上 : '마음에 들다', '눈에 들다', '반하다'.

　　　'V+上' —— 동작의 실현과 지속을 표현.

秦奋：八宝山。骨灰堂存着呢。

Bābǎoshān。Gǔhuītáng cúnzhe ne。

推销员：你妈妈年纪也大了。

Nǐ māma niánjì yě dà le。

你要是孝顺的话，就应该好好地给他们选一块福地。

Nǐ yàoshi xiàoshùn de huà，jiù yīnggāi hǎohāode gěi tāmen xuǎn yí kuài fúdì。

老年人讲究入土为安。

Lǎoniánrén jiǎngjiu rùtǔwéiān。

秦奋：这你就甭操心了。我亏待不了他们。

Zhè nǐ jiù béng cāoxīn le。Wǒ kuīdàibuliǎo tāmen。

推销员：我觉得作为一个男人，要有责任心，要有孝心。

Wǒ juéde zuòwéi yí ge nánrén，yào yǒu zérènxīn，yào yǒu xiàoxīn。

就算赚的钱不多，只要是父母亲需要，就在所不惜。

Jiù suàn zhuàn de qián bù duō，zhǐ yàoshi fùmǔqīn xūyào，jiù zàisuǒbùxī。

这样的男人才可靠。你诚实地告诉我。你是这样的男人吗？

Zhèyàng de nánrén cái kěkào。Nǐ chéngshíde gàosu wǒ。nǐ shì zhèyàng de nánrén ma？

秦奋：应该是吧。

Yīnggāi shì ba。

推销员：可是我觉得你不是!

Kěshì wǒ juéde nǐ bú shì!

你爸的骨灰，还放在那么小的一个小格子里。

Nǐ bà de gǔhuī，hái fàng zài nàme xiǎo de yí ge xiǎo gézi lǐ。

秦奋 : 빠바오산이요. 납골당에 모셔 놓았죠.

推销员 : 어무이는 연세도 많으신데, 만일 당신이 효성이 지극한 사람이라카모, 그 분들 에게 마땅히 좋은 곳을 골라 드려야지예. 어르신들은 뭐이뭐이 케도 땅에 편안히 묻히는 걸 좋아하신다 아입니꺼.

秦奋 : 그런 거라면 걱정할 필요 없어요. 그 분들을 섭섭하게 해 드릴 수는 없죠.

推销员 : 내는 마 남자라 카모 책임감 하고 효심이 있어야 된다꼬 봅니더. 돈을 마이 몬 벌어도 부모님이 필요하다 카모 얼매라도 안 아까바 해야지예. 이런 남자가 믿을만한 사람 아입니꺼. 솔직히 함 말해 보이소. 당신도 그런 사람입니꺼?

秦奋 : 마땅히 그렇겠죠.

推销员 : 그치만 내 보기에 당신은 아인 것 같아예! 아부지 뼛가루를 그렇게 작은 상자 안에 넣어 놨으니 말입니더.

●●●단어

骨灰堂 [gǔhuītáng] 몡 납골당

好好(儿)地 [hǎohāode] 囝 잘, 충분히, 아주

讲究 [jiǎngjiu] 중요시하다, 소중히 여기다, ~에 신경 쓰다, ~에 주의하다

入土为安 [rùtǔwéi'ān] 묻혀서 평안을 얻다

甭 [béng] 囝 ~할 필요가 없다, ~하지 마라, ~해도 소용없다
        (베이징 지역 방언, '不用'의 합음. 단독적으로 사용하지 않음)

操心 [cāoxīn] 동 마음을 쓰다, 신경을 쓰다, 걱정하다, 애를 태우다

亏待 [kuīdài] 동 푸대접하다, 부당하게 대하다, 박대하다

作为 [zuòwéi] 동 ~의 신분(자격)으로서, ~로 여기다(간주하다), ~으로 삼다

赚 [zhuàn] 동 (돈을) 벌다, 이윤을 남기다. 赚钱

在所不惜 [zàisuǒbùxī] 조금도 아까워하지 않다

可靠 [kěkào] 혱 믿을 만하다, 믿음직하다, 믿음직스럽다

●●●설명

○才 : 囝 '~야말로' (강조의 어기를 나타냄)   这样的男人才可靠。

○亏待不了 : 'V不了', '~할 수 없다'

  拿不了 ｜ 买不了 ｜ 受不了 ｜ 做不了

你妈要是也去了呢？难道还让他们两个老人家都挤到一个小格子里啊!

Nǐ mā yàoshi yě qù le ne？Nándào hái ràng tāmen liǎng ge lǎorénjia dōu jǐdào

yí ge xiǎo gézi lǐ a!

清明节扫墓，你连个烧纸上香的地方都没有。

Qīngmíngjié sǎomù, nǐ lián ge shāozhǐ shàngxiāng de dìfang dōu méi yǒu。

你说你这叫孝顺吗？

Nǐ shuō nǐ zhè jiào xiàoshùn ma？

秦奋：我给他们买一墓地不就行了吗？不是花不起钱。

Wǒ gěi tāmen mǎi yí mùdì bú jiù xíng le ma？Bú shì huābuqǐ qián。

我走那会儿，只有烈士才有墓地呢。老百姓都存架子上。

Wǒ zǒu nèihuìr, zhǐyǒu lièshì cái yǒu mùdì ne。Lǎobǎixìng dōu cún jiàzi shàng。

당신 어무이마저 돌아가시모 우짤라꼬예? 설마 두 어르신을 다 쪼매난 상자 속에
비집어 넣을라꼬예! 청명절 성묘 때 지전 태우고 향불 올릴 데도 없는 긴데,
이걸 효도한다꼬 할 수 있십니꺼?

秦奋 : 그 분들게 미리 묘지를 분양받아 두면 되는 거 아니에요? 돈이 없어 못 쓰는
건 아니에요. 제가 그렇게 할 당시에는 애국열사들만이 묘지에 들어 갈 수 있었
죠. 일반 백성들은 그냥 납골당 선반 위에 올려 놓았다구요.

●●● 단어

挤 [jǐ] 图 떼밀다, 비집다, 서로 밀치다, 빽빽이 들어차다, 붐비다, 촘촘하다
清明节 [qīngmíngjié] 교 청명절
扫墓 [sǎomù] 图 성묘하다
烧纸 [shāozhǐ] 图 지전(紙錢)을 태우다
上香 [shàngxiāng] 图 분향하다, 향불을 피우다
架子 [jiàzi] 图 선반, 시렁, 골조, 틀, 대

●●● 설명

◦ 连 : 쩝 '~조차도', '~까지도', '~마저도' (뒤에 '也', '都', '还' 등과 호응하여 단어나 구를
강조함) '连+N': ~我都知道了, 他当然知道 | 他~饭也没吃就走了
'连+VP': ~下象棋都不会 | ~看电影也没兴趣 | ~他住在哪儿我也忘了问
'连+数量': 最近~一天也没休息 | 屋里~一个人也没有

◦ 给 : 쩝 '~에게', '~을 향하여', '~에 대해', '~을 위하여' (동작, 행위의 대상자를 이끌어
냄) 我~你写信 | 请~我开门 | 医生~大家看病 | 我~你们打水去

◦ V不起 : 1. '~할 수 없다'. '不起'는 동사 뒤에 놓여 역량이 부족함을 표현함.
　　　　　　拿不起 | 抬不起 | 配不起 | 对不起
　　　　2. (돈이 없어서) '~할 수 없다'.
　　　　　　买不起 | 吃不起 | 养不起

这点你放心! 你要知道哪儿有, 给我选一所。

Zhè diǎn nǐ fàngxīn! Nǐ yào zhīdao nǎr yǒu, gěi wǒ xuǎn yì suǒ。

只要是风景好的, 我马上就办。

Zhǐyào shi fēngjǐng hǎo de, wǒ mǎshàng jiù bàn。

咱俩要是走一块去, 我连你的碑都先刻好了。

Zán liǎ yàoshi zǒu yíkuài qù, wǒ lián nǐ de bēi dōu xiān kèhǎo le。

保证不让你在架子上存着。

Bǎozhèng bú ràng nǐ zài jiàzi shàng cúnzhe。

推销员：其实这也是一种投资。

Qíshí zhè yě shì yì zhǒng tóuzī。

你只要出三万块钱, 就可以买到一块皇家风水的墓地。

Nǐ zhǐyào chū sān wàn kuài qián, jiù kěyǐ mǎidào yíkuài huángjiā fēngshuǐ de mùdì。

三万块, 也就是你往返美国的一张机票钱。

Sān wàn kuài, Yě jiù shì nǐ wǎngfǎn měiguó de yì zhāng jīpiào qián。

等过几年, 同样的一块墓地就可以卖到三十万。

Děng guò jǐ nián, tóngyàng de yí kuài mùdì jiù kěyǐ màidào sānshí wàn。

到那个时候, 你再转手把它一卖就可以赚十倍。

Dào nà ge shíhou, nǐ zài zhuǎnshǒu bǎ tā yí mài jiù kěyǐ zhuàn shí bèi。

秦奋：等会儿! 我卖了, 我妈、我爸埋哪儿啊?

Děng huìr! Wǒ mài le, wǒ mā、wǒ bà mái nǎr a?

推销员：你可以买两块啊!

Nǐ kěyǐ mǎi liǎng kuài a!

你要是买两块的话, 我们公司可以给你打九五折。

Nǐ yàoshi mǎi liǎng kuài de huà, wǒmen gōngsī kěyǐ gěi nǐ dǎ jiǔwǔ zhé。

秦奋 : 이 점은 걱정 마세요! 만일 어디 있는지 아신다면 저에게 한 곳 골라 주세요. 경치 좋은 곳만 있다고 하면, 제가 곧 사겠습니다. 만일 우리 두 사람이 잘 된다면, 제가 당신의 비석까지도 미리 잘 새겨 주죠. 당신이 납골당 선반 위에 얹혀지지 않도록 보장할게요.

推销员 : 사실 이것도 일종의 투자거든예. 당신이 단지 삼만 위안만 내놓으신다면, 왕실 수준의 경치를 갖춘 묘지를 즉시 살 수 있는 기라예. 삼만 위안이래 봤자 미국 왕복 항공권 비용 밖에는 안 됩니더. 몇 년 더 기다리모, 이 묘지를 삼십만 위안에 팔 수 있다 카는 깁니더. 그 때 가서 다시 전매라도 하믄 열 배를 벌 수 있는 기라예.

秦奋 : 잠깐만요! 그걸 팔아버리면, 우리 부모님은 어디다 모시고요?

推销员 : 두 필지를 사믄 되지예! 두 곳을 산다카믄, 우리 회사에서 5% 할인도 해주거든예.

●●●단어

放心 [fàngxīn] 동 마음을 놓다, 안심하다
碑 [bēi] 명 비석, 비
保证 [bǎozhèng] 동 보증하다, 담보하다
投资 [tóuzī] 명동 (투자)하다
皇家 [huángjiā] 명 황가, 황실
风水 [fēngshui] 명 풍수
往返 [wǎngfǎn] 동 왕복하다, 오가다
转手 [zhuǎnshǒu] 동 손을 거치다, 전매하다, 되팔다
块 [kuài] 명양 덩이, 덩어리, 조각, 장
打折 [dǎzhé] 동 가격을 깎다, 디스카운트하다, 꺾다, 끊다, 절단하다

●●●설명

○卖到 : '팔아버리다'. 'V+到'형식에서 '到'는 결과보어로 사용되어 동작이 목적에 도달했거나 결과가 있음을 나타냄.

买到 | 卖到 | 听到 | 看到 | 说到

○打九五折 : 5% 할인. (=九五扣算)　　　打九折 : 10% 할인

07

秦奋：是梁小姐吧。

　　　Shì liáng xiǎojie ba。

笑笑：嗯。

　　　Ēn。

秦奋：我是秦奋。来晚了，对不起!

　　　Wǒ shì qínfèn。Láiwǎn le, duìbuqǐ!

笑笑：坐吧!

　　　Zuò ba!

秦奋：没想到。

　　　Méi xiǎngdào。

笑笑：什么？

　　　Shénme？

秦奋：没，没什么。你是干什么的？

　　　Méi, méishénme。Nǐ shì gàn shénme de？

笑笑：我是空姐。

　　　Wǒ shì kōngjiě。

秦奋：哪个公司的？

　　　Něi ge gōngsī de？

笑笑：海航。

　　　Hǎiháng。

秦奋：你给自己打多少分啊？

　　　Nǐ gěi zìjǐ dǎ duōshao fēn a？

笑笑：六十分。

　　　Liùshí fēn。

秦奋：六十分？我给你打九十分。你已经挑过很多人了吧？

　　　Liùshí fēn？Wǒ gěi nǐ dǎ jiǔshí fēn。Nǐ yǐjīng tiāoguo hěn duō rén le ba？

07

秦奋 : 미스량이시죠?

笑笑 : 네.

秦奋 : '친펀'이라고 합니다. 늦었네요, 죄송합니다!

笑笑 : 앉으시죠!

秦奋 : 뜻밖인데요.

笑笑 : 뭐라구요?

秦奋 : 아니, 아무것도 아닙니다. 뭐 하시는 분이세요?

笑笑 : 여객기 승무원이에요.

秦奋 : 어느 항공사죠?

笑笑 : 하이난(海南)항공사요.

秦奋 : 자신을 평가한다면 몇 점을 주실 건가요?

笑笑 : 60점이요.

秦奋 : 60점이요? 저는 90점 드릴게요. 이미 여러 사람 골라 보셨겠네요?

●●● 단어

空姐 [kōngjiě] [명] 스튜어디스. 空中小姐(여승무원)의 약칭.
海航 [Hǎiháng] [고] 하이난 항공[Hainan Airlines]
打分 [dǎfēn] 점수를 매기다. 打分数
挑 [tiāo] [동] 고르다, 선택하다

●●● 설명

○吧 : [조] 문장 끝에 사용되어 '명령, 권유, 동의, 추측'의미를 나타내는 어기조사.

○来晚 : 결과보어식. '来' 동작행위의 결과가 '晚'이 된 것임.

○打多少分 : '打分'은 술목(述目)구조의 어구이므로 '多少'가 중간에 개입됨.

笑笑：您说这种婚介的形式啊？

Nín shuō zhè zhǒng hūnjiè de xíngshì a？

秦奋：啊。

Ā。

笑笑：您第一个。

Nín dì yí ge。

秦奋：哦! 我倒是见了几个。像你这么好看的还是头一个。

Ò! Wǒ dào shì jiàn le jǐ ge。Xiàng nǐ zhème hǎokàn de háishi tóu yí ge。

有一个还行，可她是为了推销墓地约的我。

Yǒu yí ge hái xíng, kě tā shì wèile tuīxiāo mùdì yuē de wǒ。

她不能算。剩下的都严重不靠谱。

Tā bù néng suàn。Shèngxià de dōu yánzhòng bú kàopǔ。

笑笑：那你买了吗？

Nà nǐ mǎi le ma？

秦奋：啊？

Ā？

笑笑：墓地啊。

Mùdì a。

笑笑 : 이런 중매형식의 자리 말씀하시는 건가요?

秦奋 : 네.

笑笑 : 당신이 처음이에요.

秦奋 : 오! 저는 오히려 몇 차례 보긴 했습니다만, 당신처럼 이렇게 예쁜 분은 처음이
네요. 한 명은 괜찮은 사람도 있었는데, 저한테 묘지를 팔아 먹으려고 나왔더라
구요. 그 여자는 예외로 쳐야겠고, 나머지는 모두 너무 형편없던데요.

笑笑 : 그래서 사긴 사셨구요?

秦奋 : 네?

笑笑 : 묘지 말이에요.

●●●단어

婚介 [hūnjiè] 명 혼인 소개

哦 [ò] 감 아! 오! (어떤 사실이나 상황을 깨달았음을 나타냄)

倒 [dào] 부 오히려, 도리어. (일반적인 상황과 상반됨을 나타냄)

头 [tóu] 형 처음, 첫. (수량사 앞에 쓰여 순서가 처음임을 나타냄)

为了 [wèile] 전 ~을(를) 위하여. (목적을 나타냄) =[为着]

推销 [tuīxiāo] 동 판로를 확장하다, 마케팅 하다, 널리 팔다, 내다 팔다

剩下 [shèngxià] 동 남다, 남기다

严重 [yánzhòng] 형 심각하다, 위급하다, 엄중하다, 막대하다, 중대하다

靠谱 [kàopǔ] 동 이치에 맞다, 사실에 부합되다

●●●설명

○您第一个 : '您'과 '第一个' 사이에 '是'가 생략되었음.

○像 : '~와(과) 같다'. (예를 들 때 쓰임)
　像你这么好看的还是头一个　｜　像他这样的人真是难得

秦奋：买啦! 她巨能说，给我架到孝子的位置上下不来了。

Mǎi la! Tā jù néng shuō, gěi wǒ jiàdào xiàozi de wèizhi shàng xiàbulái le。

不买就成了大逆不道了。媳妇没娶成，先买了块墓地。

Bù mǎi jiù chéng le dànìbúdào le。Xífù méi qǔchéng, xiān mǎi le kuài mùdì。

笑笑：我看过你的征婚广告，觉得你挺逗的。

Wǒ kànguo nǐ de zhēnghūn guǎnggào, juéde nǐ tǐng dòu de。

不像有些人自我感觉特别良好。要不就写一大堆肉麻的话，看了特别恶心。

Bú xiàng yǒuxie rén zìwǒ gǎnjué tèbié liánghǎo。Yàobù jiù xiě yí dà duī ròumá de huà。Kàn le tèbié ěxin。

秦奋：我说的都是大实话。我不是恭维你啊。

Wǒ shuō de dōu shì dà shíhuà。Wǒ bú shì gōngwéi nǐ a。

从外表上说，你应该算是仙女那一级的了。

Cóng wàibiǎo shàng shuō, nǐ yīnggāi suàn shì xiānnǚ nèi yì jí de le。

条件特高吧？你不会是推销飞机的吧？

Tiáojiàn tè gāo ba？Nǐ bú huì shì tuīxiāo fēijī de ba？

墓地我努努劲儿还行，飞机我可买不起。

Mùdì wǒ nǔnǔjìnr hái xíng, fēijī wǒ kě mǎibuqǐ。

笑笑：为什么女企业家免谈啊？

Wèishénme nǚ qǐyèjiā miǎn tán a？

秦奋：她们太现实了吧。我还是喜欢性情一点的人。

Tāmen tài xiànshí le ba。Wǒ háishi xǐhuan xìngqíng yìdiǎn de rén。

秦奋：샀죠! 말솜씨가 보통이 아니에요. 저를 효자로 만들어 놓고는 내려 놓질 않더라구요. 안 사면 대역무도한 죄인이 되겠더라구요. 마누라는 얻지도 못 하고 먼저 묘지부터 샀다니까요.

笑笑：구혼광고를 봤더니 꽤나 재미난 분인 것 같던데요. 여느 사람들처럼 자기 착각에 빠져 있지 않더라구요. 어떤 사람들은 한 무더기 느끼한 말들을 늘어 놓는데, 한 번 보면 정말 구역질이 나거든요.

秦奋：제가 말한 건 모두 사실이에요. 듣기좋은 소리 하는 건 아니구요.
외모로만 말하자면, 당신은 거의 선녀급이신데, 조건이 꽤나 까다로우실테죠? 설마 비행기 팔러 나오신 건 아니죠? 묘지쯤이야 어떻게 해 볼 수는 있지만, 비행기는 돈이 없어 못 사거든요.

笑笑：왜 여성사업가는 사절한다고 하셨죠?

秦奋：그런 여자들은 너무 현실적이거든요. 저는 좀 감성적인 여성을 좋아해요.

●●● 단어

架 [jià] [동] 놓다, 세우다, 가설하다, 지탱하다, 버티다, 받치다
大逆不道 [dànìbúdào] 대역 무도함, 도리에 크게 어긋나고 정도와 맞지 않음
媳妇 [xífù] [명] 부인, 마누라, 며느리
逗 [dòu] [형][동] 우습다, 재미있다, 놀리다, 골리다, 집적거리다, 어르다
像 [xiàng] [동] 닮다, 비슷하다, ~해 보이다, 그럴듯하다
肉麻 [ròumá] [형] (경박하거나 가식적인 언행으로 인해) 메스껍다, 느글거리다
恶心 [ěxin] [동] 구역이 나다, 속이 메스껍다, 오심이 나다
恭维 [gōngwei] [동] 아첨하다, 알랑거리다, 치켜세우다
努劲儿 [nǔjìnr] 갖은 힘을 다 쓰다, 악을 쓰다, 몹시 애를 쓰다
现实 [xiànshí] [명][형] 현실, 현실적이다
性情 [xìngqíng] [명] 성정, 성격, 성질, 천성과 기질, 타고난 성격

●●● 설명

○ 巨 [jù] : [형] '크다', '아주 크다'. 형용사 '巨'가 부사어로 사용되어 조동사 '能'을 수식함.
○ 自我感觉良好 : [신조어] 원래는 '건강하고 편안한 느낌이 드는 것'을 가리켰으나, 지금은 '객관적인 효과가 좋지 않거나 일을 잘못 처리했음에도 불구하고, 자각하지 못하고 스스로 상황이 좋다고 착각하는 것'을 가리킴.

笑笑：现实一点不好吗？现在的人都挺现实的呀。

Xiànshí yìdiǎn bù hǎo ma？ Xiànzài de rén dōu tǐng xiànshí de yā。

我妈、我周围的朋友，都在劝我现实一点。

Wǒ mā、wǒ zhōuwéi de péngyou，dōu zài quàn wǒ xiànshí yìdiǎn。

我就是因为想要学着现实一点，才来和你见面的。

Wǒ jiù shì yīnwèi xiǎng yào xuézhe xiànshí yìdiǎn，cái lái hé nǐ jiànmiàn de。

秦奋：那你算是找错人了。我肯定不是你要找的那种。

Nà nǐ suàn shì zhǎocuò rén le。Wǒ kěndìng bú shì nǐ yào zhǎo de nèi zhǒng。

笑笑：你怎么知道要找一个什么样的人？

Nǐ zěnme zhīdao yào zhǎo yí ge shénmeyàng de rén？

我自己都不晓得要找一个什么样的人。

Wǒ zìjǐ dōu bù xiǎode yào zhǎo yí ge shénmeyàng de rén。

坐在这儿我感觉特别不真实。

Zuò zài zhèr wǒ gǎnjué tèbié bù zhēnshí。

可我确实给你打了个电话，还是我主动约你的。

Kě wǒ quèshí gěi nǐ dǎ le ge diànhuà，háishi wǒ zhǔdòng yuē nǐ de。

笑笑 : 좀 현실적인 게 좋지 않으신가요? 현대사람들은 모두 꽤 현실적이잖아요. 우리 엄마며 주위 친구들 모두 저더러 좀 현실적이어야 한다고 하는데요. 저도 좀 현실적인 인간이 돼보고 싶어서 당신을 만나러 왔거든요.

秦奋 : 그렇다면 사람 잘못 찾으신 것 같은데요. 저는 분명히 당신이 찾으려는 그런 사람이 아니거든요.

笑笑 : 내가 어떤 사람을 찾는지 당신이 어떻게 아시죠? 나 자신조차도 어떤 사람을 찾아야 할 지 모르는데요. 여기 앉아 있자니 내 마음이 매우 가식적이란 생각이 드네요. 그렇지만 제가 당신에게 전화한 것이 맞으니, 제가 주도적으로 불러낸 셈이네요.

●●● 단어

劝 [quàn] [동] 권하다, 권고하다, 타이르다, 설득하다
想要 [xiǎngyào] [동] ~하려고 하다
晓得 [xiǎode] [동] 알다, 이해하다
主动 [zhǔdòng] [형] 주동적인, 자발적인

●●● 설명

○ 找错 : '잘못 찾았다'. '술어+결과보어'구조. '找' 행위의 결과가 '错'임을 표현.

秦奋：你的意思是其实你没什么诚意。

Nǐ de yìsi shì qíshí nǐ méi shénme chéngyì。

一时糊涂才约的我后悔了，是吗？

Yìshí hútu cái yuē de wǒ hòuhuǐ le，shì ma？

笑笑：有一点。你别生气。不是因为你。

Yǒu yìdiǎn。Nǐ bié shēngqì。bú shì yīnwèi nǐ。

我是觉得自己有点滑稽。

Wǒ shì juéde zìjǐ yǒudiǎnr huájī。

秦奋：那咱们就别聊了。

Nà zánmen jiù bié liáo le。

没事儿，我觉得直说挺好，简单。省得瞎耽误工夫。

Méi shìr，wǒ juéde zhí shuō tǐng hǎo，jiǎndān。Shěngde xiā　dānwu gōngfu。

笑笑：你还有事吧？

Nǐ hái yǒu shì ba？

秦奋：我没事儿。可是再聊下去，咱俩也没什么希望。

Wǒ méi shìr。Kěshì zài liáoxiaqu，zán liǎ yě méi shénme xīwàng。

秦奋 : 당신 말 뜻은 사실 별로 진심이 아니었다는 거네요. 한 때 생각없이 저와 약속해 놓고 이제 와서 후회하신다는 거군요, 그렇죠?

笑笑 : 조금은요. 화내지는 마세요. 당신 때문은 아니니까요. 제가 좀 우스꽝스러워진 것 같군요.

秦奋 : 그럼 우리 그만 얘기합시다. 괜찮아요. 단도직입적으로 말해 주니 좋네요, 심플하고. 괜한 시간 낭비도 줄이고 말이죠.

笑笑 : 다른 약속이 있으신가봐요?

秦奋 : 아뇨, 일 없어요. 그렇지만 여기서 더 나가봤자 둘 다 별 희망은 없겠는데요.

●●● 단어

诚意 [chéngyì] 몡 성의.   诚心诚意[chéngxīnchéngyì]: 성심성의

糊涂 [hútu] 혱 어리석다, 멍청하다, 혼란하다, 엉망이 되다

后悔 [hòuhuǐ] 됭 후회하다, 뉘우치다

滑稽 [huájī] 혱 (말·행동·자태가) 웃음을 자아내게 하다, 익살맞다, 익살스럽다

聊 [liáo] 됭 한담하다, 잡담하다

瞎 [xiā] 囝 함부로, 헛되이, 무턱대고, 되는대로

耽误 [dānwu] 됭 시간을 허비하다, 일을 그르치다, 시기를 놓치다

工夫 [gōngfu] 몡 틈, 여가, 시간

●●● 설명

○ 一时糊涂才约的我后悔了 : '的'는 술어동사 뒤에서 동작을 하는 사람, 시간, 장소, 방법 등을 강조하는 용법.

○ 聊下去 : 1. 'V+下去'

① 동사 뒤에 쓰여 일정한 미래까지 상황이 계속 이어짐을 나타냄.

坚持下去 ∣ 说下去 ∣ 做下去

② 동사 뒤에 쓰여 높은 곳(가까운 곳)에서 낮은 곳(먼 곳)으로 움직임을 나타냄.

推下去 ∣ 咽下去 ∣ 滚下法

2. 'A+下去'

형용사 뒤에 쓰여 정도가 계속 심해짐을 나타냄.

冷下去 ∣ 枯干下去

笑笑：那你先走吧。我再坐会儿。

　　　Nà nǐ xiān zǒu ba。Wǒ zài zuò huìr。

秦奋：行。那再见!

　　　Xíng。Nà zàijiàn!

笑笑：再见!

　　　Zàijiàn!

秦奋：哦，不对。咱俩不会再见了。

　　　Ò, bú duì。Zán liǎ bú huì zài jiàn le。

　　　那就，好像说永别了也不合适的。

　　　Nà jiù, hǎoxiàng shuō yǒngbié le yě bù héshì de。

笑笑：你可真够烦人的。

　　　Nǐ kě zhēn gòu fánrén de。

秦奋：其实性质是。那就不见了!

　　　Qíshí xìngzhì shì。nà jiù bú jiàn le!

笑笑 : 그럼 먼저 가 보세요. 전 좀 더 앉았다 갈게요.

秦奋 : 그럽시다, 그럼, 다음에 다시 봐요!

笑笑 : 안녕히 가세요!

秦奋 : 아! 아니지. 우리는 다시 만날 일이 없지, 참!

　　　그럼... 아마도 영원히 이별하자는 얘기도 적당치 않을 것이고.

笑笑 : 꽤 실없는 양반이시군요.

秦奋 : 사실 천성이 좀 그래요. 그럼 다시 만나지 맙시다!

●●● 단어

永别 [yǒngbié] 동 영별하다, 영결하다, 사별하다

烦 [fán] 형동 답답하다, 괴롭다, 번거롭다, 귀찮다, 수고를 끼치다, 번거롭게 하다

性质 [xìngzhì] 명 성질, 성분

08

笑笑：哎! 想喝酒吗？在这附近找个店，咱们再聊会儿。

Āi! Xiǎng hē jiǔ ma？Zài zhè fùjìn zhǎo ge diàn, zánmen zài liáo huìr。

秦奋：为什么呀？聊什么呀？

Wèishénme yā？Liáo shénme ya？

你不会是和饭馆勾着假借谈恋爱宰客的托儿吧。

Nǐ bú huì shì hé fànguǎn gōuzhe jiǎjiè tánliàn'ài zǎikè de tuōr ba。

笑笑：行了。我都没把你当坏人，你就别怀疑我了。

Xíng le。Wǒ dōu méi bǎ nǐ dāng huàirén, nǐ jiù bié huáiyí wǒ le。

秦奋：我还真是一坏人。就怕你不是坏人呢。

Wǒ hái zhēn shì yí huàirén。Jiù pà nǐ bú shì huàirén ne。

08

笑笑 : 저기요! 술 마시고 싶지 않으세요? 요근처 술집에서 다시 잠깐 얘기 좀 나누시죠.

秦奋 : 왜요? 무슨 이야기를 하죠? 당신 설마 술집이랑 결탁해서 꽃뱀 노릇 하는 건 아니겠죠.

笑笑 : 됐어요. 당신을 나쁜 사람으로 보진 않았으니까, 당신도 저를 의심하면 안 돼요.

秦奋 : 저는 정말 나쁜 사람이라서 당신도 그런 줄 알았죠.

●●● 단어

哎 [āi] ㉮ (어떤 일을 일깨워 주거나 주위를 환기시키는 뜻) 저기요!, 자!

勾 [gōu] ㉤ 결합하다, 결탁하다

假借 [jiǎjiè] ㉤ 빌다, 빌리다, 차용하다, 구실로 삼다

谈恋爱 [tánliàn'ài] ㉤ 연애하다, 사랑을 속삭이다

宰客 [zǎikè] ㉤ 바가지 씌우다, 폭리를 취하다

托儿 [tuōr] ㉧ 바람잡이. 打托儿 바람을 잡다.

坏人 [huàirén] ㉧ 나쁜 사람, 불량배, 건달, 불한당

怀疑 [huáiyí] ㉤ 의심하다, 의심을 품다, 회의하다

●●● 설명

○ 你不会是和饭馆勾着假借谈恋爱宰客的托儿吧 :
   문장 전체의 형식은 '你不会是~~~吧'. '당신 설마 ~~~는 아니겠죠.'의 의미.
   '和饭馆勾着假借谈恋爱宰客的托儿(술집과 결탁해서 연애를 가장해 손님을 꼬드기는 것)'
   은 동사 '是'의 목적어.

09

笑笑：你真够没劲的。喝下去能死啊？

Nǐ zhēn gòu méi jìn de。Hēxiaqu néng sǐ a？

秦奋：你喝你的，我又没拦着你。接着说。

Nǐ hē nǐ de，wǒ yòu méi lánzhe nǐ。Jiēzhe shuō。

笑笑：你听过一见钟情吗？

Nǐ tīngguo yíjiànzhōngqíng ma？

秦奋：我一见你就挺钟情的。

Wǒ yí jiàn nǐ jiù tǐng zhōngqíng de。

笑笑：咱们三见也钟不了情。

Zánmen sān jiàn yě zhōngbuliǎo qíng。

一见钟情，不是你一眼看上了我，或者是我一眼看上了你。

Yíjiànzhōngqíng，bú shì nǐ yì yǎn kànshang le wǒ，huòzhě shì wǒ yì yǎn kànshang le nǐ。

不是看，是味道。

Bú shì kàn，shì wèidào。

彼此被对方的气味吸引了，迷住了。气味相投，你懂吗？

Bǐcǐ bèi duìfāng de qìwèi xīyǐn le，mízhù le。Qìwèi xiāngtóu，nǐ dǒng ma？

09

笑笑 : 정말 재미없는 사람이군요. 마시면 죽기라도 한대요?

秦奋 : 자기 마실 거나 마셔요. 내가 방해한 것도 아니고. 계속 얘기해 보세요.

笑笑 : '첫 눈에 반한다'는 말 들어보셨죠?

秦奋 : 당신을 첫눈에 보자마자 사랑에 빠졌는걸요.

笑笑 : 우린 내리 세 번을 봐도 반할 일은 없거든요. '첫 눈에 반한다'는 말은 서로가 한 눈에 상대방에게 홀딱 빠진다는 게 아니에요. '시각'이 아니라 '분위기'인 거죠. 서로가 상대방의 향취에 깊이 빨려들어 간다는 거에요. '서로가 매료된다'는 말, 이해되세요?

●●● 단어

没劲(~儿) [méijìn] [형] 힘이 없다, 약하다, 재미없다, 시시하다
拦 [lán] [동] 가로막다, 저지하다
接着 [jiēzhe] [부] 이어서, 연이어, 계속하여, 연속하여, 뒤이어
一见钟情 [yíjiànzhōngqíng] [성어] 첫눈에 (한눈에) 반하다
钟情 [zhōngqíng] [동] 반하다, 애정을 기울이다, 사랑에 빠지다
挺 [tǐng] [부] 꽤, 제법, 매우, 상당히, 대단히
味道 [wèidao] [명] 맛, (마음으로 느끼는)기분, 느낌, 분위기, 정취
彼此 [bǐcǐ] [대] 피차, 서로, 상호, 쌍방
气味 [qìwèi] [명] 냄새, 성격, 취향
迷住 [mízhù] [동] 미혹되다
相投 [xiāngtóu] [형] (취미, 성격, 생각, 감정 등이) 서로 맞다, 의기투합하다

●●● 설명

○ 一~~就~~ : '~하자마자 ~곧 하다'. 전후의 두 가지 일이나 상황이 곧바로 이어져 발생함을 표현함.
一看就知道 | 一吃就吐 | 人一老, 腿脚就不灵活了

秦奋：两个陌生人萍水相逢，一见面凑上去一通乱闻，可能吗？

Liǎng ge mòshēng rén píngshuǐxiāngféng, yí jiànmiàn còushangqu yìtōngluàn-

wén, kěnéng ma？

笑笑：不用凑上去。

Bú yòng còushangqu。

相投的气味呢，隔着八丈远，你都可以闻得到。

Xiāngtóu de qìwèi ne, gézhe bā zhàng yuǎn, nǐ dōu kěyǐ wéndedào。

你看过动物世界吗？

Nǐ kànguo dòngwùshìjiè ma？

秦奋：看过。

Kànguo。

笑笑：动物之间啊，就算隔着几十里远，都可以闻到对方的气味。

Dòngwù zhījiān ā, jiù suàn gézhe jǐ shí lǐ yuǎn, dōu kěyǐ wéndào duìfāng de

qìwèi。

人跟动物都是一样的。

Rén gēn dòngwù dōu shì yíyàng de。

秦奋：那你只被一种气味吸引吗？

Nà nǐ zhǐ bèi yì zhǒng qìwèi xīyǐn ma？

动物可不是死盯着一个。

Dòngwù kě bú shì sǐdīngzhe yí ge。

笑笑：只对一种，这种吸引是双向的。

Zhǐ duì yì zhǒng, zhè zhǒng xīyǐn shì shuāngxiàng de。

不只是吸引，而是一种迷恋。其他的都排斥。

Bù zhǐ shì xīyǐn, érshì yì zhǒng míliàn。Qítā de dōu páichì。

秦奋 : 서로 모르는 두 사람이 우연히 만나, 한 번 보자마자 한 데 엉켜 한바탕 쿵쿵거린다는 게 가능한 일일까요?

笑笑 : 한 데 엉킬 필요까지도 없어요. 향취가 맞아떨어진다는 느낌은 서로 먼 거리를 두고도 느낌을 맡아낼 수 있는 걸 말하는 거에요. '동물의왕국' 보신 적 있죠?

秦奋 : 그럼요.

笑笑 : 동물들 간에는 몇 십리를 떨어져 있어도 상대방의 체취를 맡을 수 있대요. 사람이나 동물이나 다를 바가 없죠.

秦奋 : 그럼 당신 말은 향취 한 가지에만 끌린다는 건가요? 그렇지만 동물은 단지 하나의 상대방만을 죽어라고 바라보는 건 아니잖아요.

笑笑 : 단지 한 가지에 대해서만이에요. 대신 이러한 끌림은 쌍방 간에 이루어지니까요. 또한 단지 끌림 뿐만 아니라 일종의 애착인 거죠. 그밖의 것은 모두 배척되니까요.

●●● 단어

陌生 [mòshēng] 혱 생소하다, 낯설다, 눈에 익지 않다
萍水相逢 [píngshuǐxiāngféng] [성어] (모르는 사람을) 우연히 만나다
凑 [còu] 동 한 데 모으다, 모이다, 다가가다, 접근하다, 부딪히다, 끼어들다
一通 [yítòng] 양 한바탕, 한동안
隔 [gé] 동 차단하다, (가로)막다, 막히다(공간적·시간적으로) 떨어져 있다, 사이를 (간격을) 두다
死 [sǐ] 혱 고정되다, 융통성이 없다, 움직이지 않다, 활동성이 없다, 생기가 없다, 죽은 듯하다
盯 [dīng] 동 주시하다, 응시하다, 뚫어져라 쳐다보다
迷恋 [míliàn] 혱 미련을 두다(가지다), 연연해하다
排斥 [páichì] 동 배척하다

●●● 설명

○闻得到 : 'V得到'(~할 수 있다). 결과보어식 'V到'에 '得'가 삽입되어 가능보어식이 됨. 부정형은 'V不到'. 결과보어식 'V到'에서 '到'는 동사의 결과보어로 쓰여 '~에 미치다', '~에 이르다', '~을 해내다' 등 동작이 일정한 목적에 도달하거나 성취된 것을 나타냄.

秦奋：那你大老远跑来跟我起什么哄啊？

Nà nǐ dà lǎoyuǎn pǎolái gēn wǒ qǐ shénme hòng a？

笑笑：迷恋又不能在一起厮守。

Míliàn yòu bù néng zài yìqǐ sīshǒu。

在迷恋中挣扎，每一分钟都撕心裂肺的。

Zài míliàn zhōng zhēngzhá, měi yì fēn zhōng dōu sīxīnlièfèi de。

每一晚不喝晕了，都过不下去。

Měi yì wǎn bù hēyūn le, dōu guòbuxiaqu。

秦奋：那男的有家。爱你又娶不了你。

Nèi nán de yǒu jiā。Ài nǐ yòu qǔbuliǎo nǐ。

你父母不知道。有苦没地儿说去，是吧。

Nǐ fùmǔ bù zhīdao。Yǒu kǔ méi dìr shuōqu, shì ba。

笑笑：跟谁也不能说。

Gēn shéi yě bù néng shuō。

秦奋：那你怎么跟我说了？

Nà nǐ zěnme gēn wǒ shuō le？

秦奋：그렇다면 굳이 그 먼 데서부터 여기까지 와 나한테 이러는 건 뭐에요?

笑笑：미련 속에 허덕인다는 것은 또한 함께 할 수 없다는 거에요. 그 속에서 발버둥치고 있으면 매순간 심장이 찢어지는 것 같아요. 밤마다 술에 취하지 않으면 견딜 수가 없으니까요.

秦奋：가정이 있는 남자를 사랑하는군요. 당신을 사랑하기는 하지만 데려 갈 수는 없고. 부모님도 전혀 모르실테고. 아파도 어디다 하소연 할 데도 없을 테지요.

笑笑：그 누구한테도 말할 수가 없어요.

秦奋：근데 나한테는 왜 다 말해버렸는데요?

●●● 단어

老远 [lǎoyuǎn] [형] 아주 멀다
跑 [pǎo] [동] 달리다, 뛰다, 달아나다, 도망가다
起哄 [qǐhòng] [동] 떠들어 대다, 소란피우다
(여러 사람이 한 두 사람을) 놀리다, 조롱하다
厮守 [sīshǒu] [동] 서로 의지하며 지내다, 서로 보살피다
挣扎 [zhēngzhá] [동] 발버둥치다, 몸부림치다, 발악하다
撕心裂肺 [sīxīn lièfèi] 몹시 마음이 아프거나 고통스럽다
娶 [qǔ] [동] 아내를 얻다, 장가들다

●●● 설명

○大老远 : '꽤 멀리서'. 형용사 '大'가 부사어로 사용되어 '老远'을 강조하여 꾸며 줌.

○喝晕 : '술 취하다'. 결과보어식. '晕'은 '喝'의 결과임.

○说去 : 'V+去' 방향보어식. '去'는 동사 뒤에 쓰여 동작행위가 계속됨을 나타냄.

笑笑：我心里堵得难受。太委屈了。

Wǒ xīn lǐ dǔde nánshòu。Tài wěiqu le。

反正我跟你以后也没打算见面。

Fǎnzhèng wǒ gēn nǐ yǐhòu yě méi dǎsuan jiànmiàn。

你怎么看我都无所谓。

Nǐ zěnme kàn wǒ dōu wúsuǒwèi。

秦奋：那我得收费。

Nà wǒ děi shōufèi。

便宜都让他占了，让我陪怨妇喝酒。

Piányi dōu ràng tā zhànle，ràng wǒ péi yuànfù hē jiǔ。

你也太不跟我见外了。

Nǐ yě tài bù gēn wǒ jiànwài le。

笑笑：要多少你自己拿。

Yào duōshao nǐ zìjǐ ná。

但是你收了钱就得整杯的喝，不可以小口小口的抿。

Dànshì nǐ shōule qián jiù děi zhěngbēi de hē，bù kěyǐ xiǎokǒu xiǎokǒu de mǐn。

秦奋：我真的不能喝。免费陪你，行了吧。

Wǒ zhēnde bù néng hē。Miǎnfèi péi nǐ，xíng le ba。

笑笑：不喝也行。我刚跟你说了一个我的秘密。

Bù hē yě xíng。Wǒ gāng gēn nǐ shuō le yí ge wǒ de mìmì。

你也得告诉我一件你不可告人的秘密吧。

Nǐ yě děi gàosu wǒ yí jiàn nǐ bù kě gào rén de mìmì ba。

咱们谁也不欠谁。

Zánmen shéi yě bú qiàn shéi。

秦奋：你怎么那么多事儿啊？

Nǐ zěnme nàme duō shìr a？

笑笑 : 마음이 슬프고 답답해 견딜 수가 없어요. 너무나 괴로워요. 우린 어차피 다시
　　　만날 일이 없을테니, 당신이 나를 어떻게 보든 상관 없어요.
秦奋 : 그럼 돈을 받아야겠군요. 이득은 엉뚱한 놈이 다 보고, 나는 여자한테 술시중이
　　　나 들고 있으니.... 당신은 나를 너무 친근하게 생각하시는군요.
笑笑 : 원하는 만큼 빼가세요. 단, 돈을 받게 되면 매번 원샷해야 해요, 홀짝홀짝 입에다
　　　적시기만 하면 안 돼요!
秦奋 : 저는 정말 못 마신다니까요. 공짜로 모실게요. 됐죠?
笑笑 : 안 마셔도 돼요. 내가 방금 당신에게 내 비밀 얘기를 하나 해 줬으니, 당신도
　　　남들에게 말할 수 없는 비밀 하나 얘기해 줘요. 그럼 쌤쌤이 되는 거니까.
秦奋 : 당신은 사람이 뭐가 그렇게 복잡해요?

●●● 단어

堵 [dǔ] 형동 막다, 막히다, 답답하다, 우울하다, 울적하다, 틀어막다, 가로막다
难受 [nánshòu] 형 슬프다, (마음이) 아프다, 상심하다, 답답하다, 괴롭다
委屈 [wěiqu] 형 억울하다, 답답하다, 괴롭다, 고통스럽다, 견딜 수 없다
打算 [dǎsuan] 동 할 생각(작정)이다, ~하려고 하다, 계획하다
收费 [shōufèi] 동 비용을 받다, 유료로 하다
便宜 [piányi] 명동형 공짜, 공것, 좋게 해주다, 이롭게 해주다, 싸다, 저렴하다
陪 [péi] 동 모시다, 시중들다, 동반하다, 안내하다, 수행하다, 배석하다
怨 [yuàn] 동 원망하다, 증오하다, 미워하다, 분개하다
见外 [jiànwài] 동 타인 취급하다, 남처럼 대하다
整 [zhěng] 형 완정하다, 온전하다, 완벽하다
抿 [mǐn] 동 입술을 가볍게 대고 조금 마시다, 조금씩 (음미하며) 마시다
免费 [miǎnfèi] 동 돈을 받지 않다, 무료로 하다, 돈 낼 필요가 없다
欠 [qiàn] 동형 빚지다, 부족하다, 모자라다

●●● 설명

○太委屈了 : 강조의 '~了'. '了'는 강조의 어기조사.
○无所谓 : '상관 없다', '아랑곳 않다', '개의치 않다'.
○得 [děi] : 조동사. (마땅히) ~해야 한다. =[必须], [须要]
○便宜都让他占了 : 占便宜 [zhànpiányi] 동 '부당한 이득을 차지하다', '유리한 조건을 가지
　　　　　　　　　 다', '우세를 차지하다', '유리하다'.

笑笑：不想说，算了。反正我也没有兴趣听。

Bù xiǎng shuō, suàn le。Fǎnzhèng wǒ yě méi yǒu xìngqù tīng。

那就烂在你自己肚子里了。

Nà jiù làn zài nǐ zìjǐ dùzi lǐ le。

本来我还以为你是挺大气的男人。

Běnlái wǒ hái yǐwéi nǐ shì tǐng dàqì de nánrén。

就凭你，还想找一个性情中的女人。

Jiù píng nǐ, hái xiǎng zhǎo yí ge xìngqíng zhōng de nǚrén。

秦奋：咱们以后不见面了吧。

Zánmen yǐhòu bú jiànmiàn le ba。

笑笑：不见了。

Bú jiàn le。

秦奋：知道我为什么不喝酒吗？

Zhīdao wǒ wèishénme bù hē jiǔ ma？

笑笑：你这不就喝了吗？

Nǐ zhè bú jiù hē le ma？

笑笑 : 말하기 싫으면 됐어요. 어쨌든 나도 듣고싶지는 않거든요.

　　그럼 그냥 뱃 속에 담아두고 썩히세요.

　　난 처음에 당신이 굉장히 대범한 사람인 줄 알았는데.

　　보아하니 아직 그 성격에 꼭 맞는 사람을 찾고 계시군요.

秦奋 : 우리 이후엔 다시 볼 일 없는 거죠?

笑笑 : 그럼요.

秦奋 : 내가 왜 술을 안 마시는지 압니까?

笑笑 : 지금 술 마시는 거 아니에요?

●●● 단어

兴趣 [xìngqù] 몡 흥미, 흥취, 취미

烂 [làn] 혱 썩다, 부패하다, 곪다, 문드러지다

肚子 [dùzi] 몡 배, 복부

大气 [dàqi] 혱 대범하다, 당당하다, 도량이 크다

凭 [píng] 젠동 ~에 의거하여, ~에 근거하여, 의지하다, 의거하다, 기대다

●●● 설명

○ 没有兴趣听 : '兴趣'는 '没有'의 목적어. '听'은 '兴趣'를 설명해 주는 관형어 역할. 즉, "들을 만한 흥미가(마음이) 없다"로 해석.

○ (你)知道我为什么不喝酒吗? : 간단 형식으로는 '(你)知道~~吗?'. '我为什么不喝酒'는 동사 '知道'의 목적절. "당신은 내가 왜 술을 안 마시는 지를 아세요?"

秦奋：我以前在美国和朋友开了一个旅行社，专门接国内的旅行团。

Wǒ yǐqián zài měiguó hé péngyou kāi le yí ge lǚxíngshè, zhuānmén jiē guónèi de lǚxíngtuán。

有一回接了一个政府的团，局长带队，特肥的活儿。

Yǒu yì huí jiē le yí ge zhèngfǔ de tuán, júzhǎng dàiduì, tè féi de huór。

团里有一女孩叫小白，是个翻译。长得好看，也文静。

Tuán lǐ yǒu yì nǚhái jiào Xiǎobái, shì ge fānyì。 Zhǎngde hǎokàn, yě wénjìng。

他们一下飞机，我就瞄上她了。

Tāmen yí xià fēijī, wǒ jiù miáoshang tā le。

后来这十几天的接触啊，我就对她动了心了。

Hòulái zhè shí jǐ tiān de jiēchù a, wǒ jiù duì tā dòng le xīn le。

然后，我们就那个了。

Ránhòu, wǒmen jiù nèi ge le。

笑笑：哪个啊？

Něi ge a？

秦奋：就是那个。亲热了。完事以后，她哭了。

Jiù shì nèi ge。 Qīnrè le。 Wánshìr yǐhòu, tā kū le。

她说想让我帮着她在美国留下来。

Tā shuō xiǎng ràng wǒ bāngzhe tā zài měiguó liúxiàlai。

我当时想都没想就答应了。

Wǒ dāngshí xiǎng dōu méi xiǎng jiù dāying le。

我是特喜欢她。

Wǒ shì tè xǐhuan tā。

再说呢，帮她留下来也不是什么难事。

Zài shuō ne, bāng tā liúxialai yě bú shì shénme nánshì。

第二天我就跟我那朋友说，我跟小白好了。

Dì èr tiān wǒ jiù gēn wǒ nà péngyou shuō, wǒ gēn xiǎobái hǎo le。

秦奋 : 저는 전에 미국에서 친구와 여행사 하나를 했었죠. 국내 여행단만 받는 여행사였어요. 한 번은 정부단체 하나를 받았었는데, 국장급 인물이 인솔하는 단체로 수입이 꽤 좋은 일이었죠. 단체 중에 '샤오바이'라는 통역을 맡은 여자가 하나 있었어요. 참 예쁘고 단아한 여자였죠. 여행단이 비행기에서 내리자마자 나는 그 여자에게 바로 꽂혔어요. 이후 열 몇 일간을 같이 지내다 보니 그만 마음까지 동해버렸어요. 그래서 그만 거기까지 가버렸죠.

笑笑 : 거기라니요?

秦奋 : 그거 있잖아요. 후끈 달아 올랐다구요. 일을 치르고 나서 그녀는 곧 울음을 터뜨렸어요. 자기를 미국에 좀 남을 수 있게 해 달라는 거에요. 당시 저는 생각할 겨를도 없이 그만 허락하고 말았죠. 저는 정말 그녀를 좋아했거든요. 또 그녀를 남겨 주는 게 그리 어려운 일도 아니었구요. 그래서 다음 날 곧 친구놈한테 말했죠. 우리 둘이 그런 사이가 되었다구요.

●●● 단어

接 [jiē] [동] 연결하다, 잇다, 접근하다, 접촉하다, 닿다
带 [dài] [동] 인도(인솔)하다, 이끌다, 통솔하다, 데리다
肥 [féi] [형] 수입이 많다, 부당한 이득이 많다, 살지다, 토실토실하다
文静 [wénjìng] [형] (성격이나 태도가) 얌전하다, 조용하다, 차분하다, 정숙하다
瞄 [miáo] [동] 노리다, 겨누다, 주시하다
动心 [dòngxīn] [동] 마음을 움직이다, 마음이 흔들리다, 동요되다, 끌리다
亲热 [qīnrè] [형] 친밀하고 다정스럽다, 친절하다

●●● 설명

○ 长得好看 : 정도보어식. '예쁘다, 아름답다'.
○ 瞄上 : '上'은 동사 뒤에 쓰여 동작이 어떤 목적에 도달했음을 표현함.
○ 动了心了 : 앞의 '了'는 완성·완료의 동태조사, 뒤의 '了'는 상황·상태의 변화를 나타내는 어기조사.
○ 留下来 : 술보구조--留(술어)+下来(방향보어). '下来'는 동사 혹은 형용사 뒤에 방향보어로 쓰여 동작행위의 방향, 지속, 완성, 결과, 변화 등을 나타냄. 여기서는 '지속' 의미.
방향: 山上跑下来一只老虎　　지속: 这是古代流传下来的一个故事
완성: 风突然停下来　　변화: 天色已经黑下来

让她配合我，让小白留在美国。

Ràng tā pèihé wǒ, ràng Xiǎobái liú zài měiguó。

朋友一听就急了。他说绝对不行。

Péngyou yì tīng jiù jí le。 Tā shuō juéduì bù xíng。

说接这个团，是他跟这个局长的关系。

Shuō jiē zhè ge tuán, shì tā gēn zhè ge júzhǎng de guānxi。

如果有人滞留在美国，局长就得受处分。

Rúguǒ yǒu rén zhìliú zài měiguó, júzhǎng jiù děi shòu chǔfèn。

坑了局长不说，以后的生意也得泡汤。

Kēngle júzhǎng bù shuō, yǐhòu de shēngyi yě děi pàotāng。

我要是坚持让小白留下来呢，朋友甭说翻脸，杀我的心都有。

Wǒ yàoshi jiānchí ràng xiǎobái liúxiàlai ne, péngyou béng shuō fānliǎn, shā wǒ de xīn dōu yǒu。

笑笑：所以你们就把小白给出卖了。

Suǒyǐ nǐmen jiù bǎ Xiǎobái gěi chūmài le。

秦奋：等我把话说完了。我就只能又求我那朋友。

Děng wǒ bǎ huà shuōwán le。 Wǒ jiù zhǐ néng yòu qiú wǒ nèi péngyou。

可以看着她，不让她跑。但是千万别告发了。

Kěyǐ kànzhe tā, bú ràng tā pǎo。 Dànshì qiānwàn bié gàofā le。

最后送这个团走的时候，小白在机场一直看着我，眼神跟刀子似的。

Zuìhòu sòng zhè ge tuán zǒu de shíhou, Xiǎobái zài jīchǎng yìzhí kànzhe wǒ, yǎnshén gēn dāozi shìde。

我都不敢看。我是无地自容。

Wǒ dōu bù gǎn kàn。 Wǒ shì wúdìzìróng。

笑笑：这就是你的秘密啊？

Zhè jiù shì nǐ de mìmì a？

내가 데리고 있어야겠으니 샤오바이를 미국에다 좀 남기자구요. 근데 이 친구놈이 듣자마자 난리가 난 거예요. 절대 안 된다는 거지요. 그 단체를 받은 건 국장과의 관계 때문이라서 누군가 미국에 남게 되면 국장이 처벌을 받는다는 거예요. 국장을 난처하게 만들고 말 안 하면 이후의 영업은 완전 박살난다는 거지요. 내가 만일 계속 샤오바이를 남겨 두자고 하면, 그 친구가 나를 외면하는 건 말할 것도 없고, 나를 죽이려고까지 할 것 같더라니까요.

笑笑 : 그럼 당신들은 곧 샤오바이를 배신해버렸군요.

秦奋 : 사람 말을 좀 끝까지 들어 봐요. 나로서는 다시 친구한테 매달릴 수밖에요. 그녀를 볼 수 있게, 못 가게 해 달라고. 하지만 신고는 말아 달라고.

맨 나중에 이 단체가 떠나갈 때, 샤오바이가 공항에서 계속 나를 쳐다보는데, 완전 도끼눈을 뜨고 있더라니까요. 저는 감히 그녀를 쳐다볼 수조차 없었고, 도저히 얼굴을 들 수가 없더라니까요.

笑笑 : 비밀이란 게 고작 이 거였어요?

●●● 단어

急 [jí] 통형 초조해하다, 안달하다, 조급하게 서두르다, (성미가) 급하다, 급격하다
滞留 [zhìliú] 통 ~에 머물다(체류하다)
处分 [chǔfèn] 통 처벌하다, 처분하다, 처리하다
坑 [kēng] 통 (사람을) 함정(곤경)에 빠뜨리다
泡汤 [pàotāng] 통 물거품이 되다, 수포로 돌아가다, 실패하다, 허사가 되다
坚持 [jiānchí] 통 견지하다, 굳건히 하다, 어떤 상태나 행위를 계속 지속하게 하다
翻脸 [fānliǎn] 통 갑자기 태도를(낯빛을) 바꾸다, 반목하다, 외면하다
出卖 [chūmài] 통 배반하다, 팔아먹다, 배신하다
告发 [gàofā] 통 신고하다, 고발하다
眼神 [yǎnshén] 명 눈의 표정, 눈매, 눈빛
无地自容 [wúdìzìróng] [성어] 몸둘 바를 모르다, 부끄러워 얼굴을 들 수 없다

●●● 설명

○ 你们就把小白给出卖了 : 给 ㊅ 동사 앞에 두어 语气를 강조할 때 사용(보통 '把'자문이나 '让', '叫' 피동문과 함께 쓰이며 동작행위자는 생략되기도 함). '把'字句 : 他把衣服给晾干了 | 我们把房间都给收拾好了　被动句 : 衣服让他给晾干了 | 房间都让我们给收拾好了

秦奋：今年回来，局长听说了，就请我们吃饭。

Jīnnián huílai, júzhǎng tīngshuō le, jiù qǐng wǒmen chī fàn。

那团里的人也都来了，可就是没见着小白。

Nèi tuán lǐ de rén yě dōu lái le, kě jiù shì méi jiànzháo Xiǎobái。

我呢，就问东问西啊。

Wǒ ne, jiù wèn dōng wèn xī a。

假装没事似的问小白怎么没来。

Jiǎzhuāng méi shì shìde wèn xiǎobái zěnme méi lái。

他们说你不知道啊。

Tāmen shuō nǐ bù zhīdao a。

小白从美国回来不久就自杀了。

Xiǎobái cóng měiguó huílai bù jiǔ jiù zìshā le。

我脑袋一下就炸了。 我就问怎么回事啊。

Wǒ nǎodai yí xià jiù zhá le。 Wǒ jiù wèn zěnme huí shì a。

他说，说那男的，有家庭暴力老打她，想离也离不成。

Tā shuō, shuō nèi nánde, yǒu jiātíngbàolì lǎo dǎ tā, xiǎng lí yě líbuchéng。

本来想借去美国的机会啊，留在那儿。

Běnlái xiǎng jiè qù měiguó de jīhuì a, liú zài nàr。

可是没有跑成，还让人给告发了。

Kěshì méiyǒu pǎochéng, hái ràng rén gěi gàofā le。

回来就走了绝路了。

Huílai jiù zǒu le juélù le。

我就问我那朋友，是不是你说的。朋友说是。

Wǒ jiù wèn wǒ nèi péngyou, shì bú shì nǐ shuō de。 Péngyou shuō shì。

他说对我不放心，就告诉领导了。

Tā shuō duì wǒ bú fàngxīn, jiù gàosu lǐngdǎo le。

秦奋 : 금년에 돌아 와서는 국장이 소문을 듣고 우리를 식사에 초대했죠.
그 때 그 단체 사람들도 모두 왔는데, 유독 샤오바이가 안 보이는 거에요.
나는 곧 사방에 물어 봤죠. 아무 사심도 없는 것처럼 샤오바이가 왜 안 왔냐고 물어 봤어요. 그들이 "모르셨어요?"라고 되물으면서, 샤오바이는 미국에서 귀국하자마자 얼마 안 되어 곧 자살을 해버렸다는 거에요. 나는 순간 머리가 터지는 것 같았고, 그래서 도대체 어떻게 된 영문이냐고 물어 봤죠.
그 사람 말이... 여자의 남편이란 자가 맨날 그녀를 두들겨 패고 살았다는 거에요. 도망을 가려고 해도 안 되었구요. 본래는 미국으로 가는 기회를 틈타서 거기서 눌러 앉을 작정이었는데, 그것마저도 실패로 끝나버렸대요. 더군다나 그 일이 모두 탄로까지 나버렸죠. 그래서 돌아 와서는 막다른 길을 선택한 거래요.
친구놈한테 다그쳤어요. 네가 한 짓이냐구. 그 놈이 그랬다고 하더군요. 나를 믿을 수가 없어서 곧바로 상관에게 일러바친 거래요.

●●● 단어

假装 [jiǎzhuāng] [동] 가장하다, (짐짓) ~인 체하다
自杀 [zìshā] [동] 자살하다
脑袋 [nǎodai] [명] (사람이나 동물의) 머리(통), 골(통), 두뇌, 지능, 머리
炸 [zhà] [동] (물체가) 터지다, 파열하다, 폭발하다, 폭파하다, 폭격하다
家庭暴力 [jiātíngbàolì] 가정 내 폭력
老 [lǎo] [부] 늘, 항상, 자주, 언제나 别老开玩笑！ | 老给您添麻烦
绝路 [juélù] [명][동] 막다른 골목, 막힌 길, 출로가 끊어지다(막히다), 방법이 없다
领导 [lǐngdǎo] [동] 지도하다, 영도하다, 이끌고 나가다

●●● 설명

○ 见着 : '着[zháo]'는 결과보어, 동사 '见'의 완료, 결과를 표현함.
○ 问东问西 : '사방으로 물어 보다', '수소문하다'.
○ 离也离不成 : '헤어지려 해도 할 수 없다'. '离不成'은 가능보어식.
○ 跑成 : 'V+成' 결과보어식. 동작의 완성, 완료, 결과를 표현함.

那天啊，我就把我那朋友给打了，还喝了好多酒。

Nèi tiān a, wǒ jiù bǎ wǒ nèi péngyou gěi dǎ le, hái hē le hǎo duō jiǔ。

就是最后啊，趴到地上跟狗似的，见着腿就抱着哭。

Jiù shì zuìhòu a, pādào dìshang gēn gǒu shìde, jiànzháo tuǐ jiù bàozhe kū。

笑笑：你还打人家啊？就是你把小白给害死的。

Nǐ hái dǎ rénjia a？ Jiù shì nǐ bǎ xiǎobái gěi hàisǐ de。

你太卑鄙了。

Nǐ tài bēibǐ le。

秦奋：从那以后啊，一喝酒就想起小白，后来就不喝了。

Cóng nèi yǐhòu a, yì hē jiǔ jiù xiǎngqǐ xiǎobái, hòulái jiù bù hē le。

就是你逼着我喝酒，还勾我伤心事。扯平了吧？

Jiù shì nǐ bīzhe wǒ hējiǔ, hái gōu wǒ shāngxīn shì。 chěpíng le ba？

知道我什么人了吧？你走吧。走!

Zhīdao wǒ shénme rén le ba？ Nǐ zǒu ba。 Zǒu!

그 날 저는 그 친구놈을 실컷 패주고는 술도 엄청나게 마셨어요.

막판에는 거의 개처럼 땅바닥을 기어가며 잡을만한 것만 보면 안고 울었죠.

笑笑 : 사람까지 때렸단 말이에요? 당신이 샤오바이를 죽인 거면서. 너무 졸렬하군요.

秦奋 : 그 날 이후로는 술만 마셨다 하면 샤오바이가 생각나서, 그 다음부터는 입에도
안 대요. 당신이 강제로 술 마시게 했고, 내 마음 속의 아픈 상처까지 끌어 냈으니
쌤쌤인 거죠 ?

내가 어떤 놈인지도 다 아셨죠? 가 보세요. 가시라구요!

●●● 단어

趴 [pā] 图 엎드리다

抱 [bào] 图 안다, 껴안다, 포옹하다

害死 [hàisǐ] 图 살해하다, 죽이다

卑鄙 [bēibǐ] 阅 비열하다, 졸렬하다, 천하다, 저질이다, 악랄하다

逼 [bī] 图 위협하다, 협박하다, 핍박하다, 강압하다

勾 [gōu] 图 (생각·병 따위를) 불러일으키다, 상기시키다

伤心事 [shāngxīnshì] 슬픈 일

扯平 [chěpíng] 图 (쌍방의 이해득실 등이) 서로 균형을 맞추다, 맞비기다, 상쇄하다

●●● 설명

○ 我就把我那朋友给打了 : 앞에 나왔던 '你们就把小白给出卖了'와 같은 용법.

○ 跟~似的 : '~와 비슷하다', '~와 같다'

10

秦奋：那咱俩要是结婚了，非得倒插门我去你们那儿吗？

Nà zán liǎ yàoshi jiéhūn le, fēiděi dào chāmén wǒ qù nǐmen nàr ma?

不去不行吗？

Bú qù bù xíng ma?

10

秦奋 : 그럼 만일 우리 둘이 결혼을 하면, 내가 반드시 데릴사위로 거기 가서 살아야
하나요?
안 가면 안 되구요?

●●● 단어

俩 [liǎ] ㊅ 두 사람, 두 개
非得 [fēiděi] ㊜ 반드시 ~해야 한다, ~하지 않으면 안 된다 (주로 '不'와 호응함)
            这次非得你去不可 | 非得动手术不可
倒插门 [dàochāmén] ㊅ 데릴사위   挑倒插门女婿

●●● 설명

○ 那咱俩要是结婚了 : '了'는 미래 사실의 완성, 완료에 사용되었음.
                    '그럼 우리 둘이 만일 결혼한다면'.

11

侄女：有件事我得跟您说到前头。

Yǒu jiàn shì wǒ děi gēn nín shuōdào qiántou。

秦奋：什么事？

Shénme shì？

侄女：我姨记性不太好。

Wǒ yí jìxing bú tài hǎo。

秦奋：不好到什么程度？

Bù hǎo dào shénme chéngdù？

侄女：当天的事还能记得，隔夜就全忘了。

Dàngtiān de shì hái néng jìde, gé yè jiù quán wàng le。

11

侄女 : 미리 말씀 드리고 갈 사항이 있는데요.

秦奋 : 뭔데요?

侄女 : 우리 이모가 기억력이 별로 안 좋아요.

秦奋 : 어느 정도로 안 좋은데요?

侄女 : 그 날 일까지는 그럭저럭 기억하는데, 하루밤 지나면 몽땅 잊어버리거든요.

●●●단어

前头 [qiántou] 몡 앞

姨 [yí] 몡 이모, 아주머니

记性 [jìxing] 몡 기억력

隔 [gé] 동 (공간·시간적으로) 떨어져 있다, 사이를 두다, 차단하다, 가로막다, 막히다

●●●설명

○ 说到前头 : '미리 말하다', '서두부터 얘기하다'.

○ 记得 : '기억하고 있다', '기억할 수 있다'. 'V+得' 중의 '得'는 동사 뒤에 쓰여 가능을 나타낸다. 부정할 때는 '不得'를 사용함.

去得 | 去不得 | 哭得 | 哭不得 | 玩儿得 | 玩儿不得

12

教练：杀球!

Shāqiú!

12

教练 : 스매시!

●●● 단어

杀球 [shāqiú] 동 (배드민턴, 탁구 등에서) 스매시(smash)하다

13

秦奋：你们家远吗？

　　Nǐmen jiā yuǎn ma？

　　怎么走啊？

　　Zěnme zǒu a？

苗族小姐：先坐飞机到昆明，再坐一天的长途车到蒙自。

　　Xiān zuò fēijī dào Kūnmíng, zài zuò yì tiān de chángtú chē dào Méngzì。

　　再换车到屏边，再坐一天的拖拉机，一天的牛车，就到我们家了。

　　Zài huàn chē dào Píngbiān, zài zuò yì tiān de tuōlājī, yì tiān de niúchē, jiù

　　dào wǒmen jiā le。

13

秦奋 : 집이 먼가요?

뭘 타고 가는데요?

苗族小姐 : 우선 비행기로 '쿤밍'까지 가서, 다시 '멍쯔'까지 시외버스로 24시간을 달려야
해요. 다시 차를 바꿔 타고 '핑비엔'까지 간 다음, 하루종일 경운기를 타고, 또
소달구지를 하루 동안 타고 가면 집에 도착하는데요.

●●● 단어

昆明 [Kūnmíng] ㉤ 쿤밍, 곤명 [윈난(云南)성의 성도]

长途 [chángtú] ㉤ 장거리 버스, 장거리 전화

蒙自 [Méngzì] ㉤ 멍쯔 [윈난(云南)성 남부 지방의 개시장(开市场)]

屏边 [Píngbiān] ㉤ 핑벤 먀오족자치현

拖拉机 [tuōlājī] ㉤ 트랙터, 경운기

牛车 [niúchē] ㉤ 소달구지, 우차, 소가 끄는 짐수레

●●● 설명

○ 先坐飞机到昆明 : '到'는 동사용법. '도착하다', '도달하다'.

'坐飞机'와 '到昆明'은 연동구조를 형성함.

'坐一天的长途车到蒙自'도 동일한 구조.

14

秦奋：那，事儿记不住，人记得住吗？

Nà, shìr jìbuzhù, rén jìdezhù ma？

侄女：也记不住。

Yě jìbuzhù。

秦奋：人也记不住？

Rén yě jìbuzhù？

侄女：不过您别担心！重要的人和事，她都会记这小本上。

Búguò nín bié dānxīn! Zhòngyào de rén hé shì, tā dōu huì jì zhè xiǎo běnr shàng。

你们俩要是真结婚了，她每天早上醒了翻开看一眼，就想起您是谁了。

Nǐmen liǎ yàoshi zhēn jiéhūn le, tā měitiān zǎoshang xǐng le fānkāi kàn yì yǎn, jiù

xiǎngqi nín shì sheí le。

14

秦奋 : 그럼 일은 기억 못 한다 치고, 사람은 기억할 수 있나요?

侄女 : 역시 기억 못해요.

秦奋 : 사람도 모른다구요?

侄女 : 그렇지만 걱정할 것까지는 없어요. 중요한 일이나 사람 같은 것은 다 노트에 필기를 하니까요.

두 분이 만일 진짜로 결혼을 하신다면, 이모는 매일 아침 일어나서 이 걸 한 번만 뒤적이는 걸로 선생님이 누군지는 알게 될 거에요.

●●● 단어

不过 [búguò] 접⃝부⃝ 그러나, 그런데, 하지만, ~에 불과하다, ~에 지나지 않다

担心 [dānxīn] 동⃝ 염려하다, 걱정하다

小本 [xiǎoběn] 명⃝ 수첩, 작은 노트, 소책자

醒 [xǐng] 동⃝ 잠에서 깨다, 깨어나다

翻开 [fānkāi] 동⃝ (책 따위를) 펼치다, 젖히다

●●● 설명

○ 记得住, 记不住 : '기억할 수 있다', '기억할 수 없다'. 본래 '记住'는 'V+住'형식의 결과 보어식. 중간에 '得'나 '不'가 삽입되어 가능보어식이 됨.

○ 翻开 : 술어 '翻'과 결과보어 '开'가 결합되어 형성된 단어.

15

教练：秦奋! 练这么几个就累啦？接着打!

Qínfèn! liàn zhème jǐ ge jiù lèi la？Jiēzhe dǎ!

15

教练 : 친펀씨! 요거 몇 개 연습하고서는 그렇게 피곤해요? 계속 치세요!

●●● 단어

练 [liàn] [동] 연습하다, 훈련하다, 단련하다

16

秦奋：要是咱俩不好了，能离婚吗？

　　Yàoshi zán liǎ bù hǎo le, néng líhūn ma？

苗族小姐：我哥哥会打断你的腿的。

　　Wǒ gēge huì dǎduàn nǐ de tuǐ de。

16

秦奋 : 혹시 살다가 사이가 안 좋아진다면 이혼은 가능한가요?
苗族小姐 : 우리 오빠가 아마 당신 다리를 분지러 놓을 거에요.

●●●단어

咱 [zán] 団 우리(들)　　이체자: (偺, 僭, 喒)
离婚 [líhūn] 图 이혼하다

●●●설명

○打断 : 결과보어식. '断'은 '打'가 행해진 이후의 결과.
　　　　직역하면, '때려서 끊어 놓다', 의역하면, '분질러 버리다'.

17

秦奋：嗨! 姐姐，别记了! 今儿的事您今儿就忘了？

Hāi! Jiějie, bié jì le! Jīnr de shì nín jīnr jiù wàng le？

阿姨：刚才咱说什么事来着？

Gāngcái zán shuō shénme shìr láizhe？

17

秦奋 : 저기요! 누님, 그만 적으세요! 오늘 일은 오늘 잊어버리고 마시나요?

阿姨 : 방금까지 우리가 무슨 얘기를 하고 있었죠?

●●● 단어

嗨 [hāi] [감] (남을 부르거나 주의를 환기시킴을 나타내어) 어! 어이! 자! 이봐!

今儿 [jīnr] [명] 베이징 방언. 오늘 =[今天]

●●● 설명

○ 来着 : '~을 하고 있었다', '~이었다'.

(문말에 위치하여 이미 일어난 행위나 일을 회상하는 기분을 나타내는 어기조사)

你刚才做什么来着? | 他刚才跟你说什么来着?

18

秦奋：海口这地儿怎么样？

Hǎikǒu zhèi dìr zěnmeyàng？

朋友：太舒服了。阳光明媚，空气湿润，没有污染。

Tài shūfu le。Yángguāng míngmèi，kōngqì shīrùn，méi yǒu wūrǎn。

我这两年在这儿，潜水、打球、游泳，感觉特健康，要善待自己。

Wǒ zhè liǎng nián zài zhèr，qiánshuǐ、dǎqiú、yóuyǒng，gǎnjué tè jiànkāng，yào shàndài zìjǐ。

秦奋：嗯。

Ēn。

朋友：你婚征怎么样了？

Nǐ hūnzhēng zěnmeyàng le？

秦奋：征着呢。

Zhēngzhe ne。

朋友：我给你介绍一个吧。

Wǒ gěi nǐ jièshào yí ge ba。

秦奋：行啊。

Xíng a。

朋友：真的! 人特好，我是结婚了。要不然我都想娶她。

Zhēn de! Rén tè hǎo，wǒ shì jiéhūn le。Yàoburán wǒ dōu xiǎng qǔ tā。

18

秦奋 : 여기 '하이커우'는 어때?

朋友 : 너무 편안해. 햇볕 좋지, 공기 촉촉하지, 공해도 없고. 난 여기서만도 두 해째인데, 다이빙이며 골프에 수영까지 하니 스트레스 없이 그렇게 좋을 수가 없다니까. 몸 생각 좀 하며 살아야지.

秦奋 : 음.

朋友 : 네 구혼광고 건은 어떻게 됐어?

秦奋 : 열심히 뛰고 있는 중이야.

朋友 : 내가 한 명 소개해줄게.

秦奋 : 좋지!

朋友 : 정말이야! 사람이 아주 그만이거든. 내가 결혼을 했으니 망정이지, 안 그랬으면 내가 벌써 그 여자를 데려 갔을 거야.

●●● 단어

海口 [hǎikǒu] 고명 중국 하이난성(海南省) 북부에 있는 항구, 해구, 만(灣)에 위치한 항구
阳光 [yángguāng] 명 양광, 햇빛, 태양의 빛
明媚 [míngmèi] 형 (경치가) 명미하다, 맑고 아름답다
空气 [kōngqì] 명 공기, 분위기
湿润 [shīrùn] 형 축축하다, 촉촉하다, 습윤하다
污染 [wūrǎn] 명동 오염, 오염시키다, 오염되다
潜水 [qiánshuǐ] 동 잠수하다
打球 [dǎqiú] 동 구기운동을 하다, 공차기하다, 공놀이하다
游泳 [yóuyǒng] 명동 수영, 수영하다, 헤엄치다
善待 [shàndài] 동 잘 대접하다, 우대하다
征 [zhēng] 동 구하다, 모집하다, 정벌하러 가다, 토벌하러 출병하다

●●● 설명

○你婚征怎么样了？: '你的婚, 征得怎么样了？'의 줄임 표현.

19

求婚女：我结过婚，丈夫去世了。

　　　Wǒ jiéguo hūn, zhàngfu qùshì le。

秦奋：多长时间了？

　　　Duō cháng shíjiān le？

求婚女：就刚刚。

　　　Jiù gānggāng。

秦奋：那你们一起生活了多长时间啊？

　　　Nà nǐmen yìqǐ shēnghuó le duō cháng shíjiān a？

求婚女：这个，这个对您来说很重要吗？

　　　Zhèi ge, zhèi ge duì nín lái shuō hěn zhòngyào ma？

秦奋：当然，如果你们感情很深的话，他毕竟是尸骨未寒嘛!

　　　Dāngrán, rúguǒ nǐmen gǎnqíng hěn shēn de huà, tā bìjìng shì shīgǔwèihán ma!

求婚女：七八年吧。

　　　Qī bā nián ba。

秦奋：心里一定很痛苦吧。

　　　Xīn lǐ yídìng hěn tòngkǔ ba。

求婚女：其实跟那个时候相比，现在已经好很多了。

　　　Qíshí gēn nèi ge shíhou xiāngbǐ, xiànzài yǐjīng hǎo hěn duō le。

　　　过去五年，我都不知道他每天晚上在哪儿过夜。

　　　Guòqù wǔ nián, wǒ dōu bù zhīdao tā měitiān wǎnshang zài nǎr guòyè。

　　　现在终于知道他住哪儿了。

　　　Xiànzài zhōngyú zhīdao tā zhù nǎr le。

19

求婚女 : 저는 결혼한 경험이 있구요, 지금은 사별한 상태에요.

秦奋 : 얼마나 되셨죠?

求婚女 : 얼마 안 됐어요.

秦奋 : 그럼 같이 산 기간은 얼마나 되는데요?

求婚女 : 이게 선생님한테는 그렇게 중요한 문제인가요?

秦奋 : 당연하죠. 만일 두 분 금슬이 아주 좋았다면, 돌아가셔서도 눈을 못 감으셨을 테니까요!

求婚女 : 7~8년 정도요?

秦奋 : 마음이 꽤 아프시겠군요.

求婚女 : 사실 그 때에 비하면 지금은 많이 좋아졌죠. 지난 5년간은 그이가 매일 저녁 어디서 밤을 지내는 지도 몰랐었거든요. 지금은 마침내 어디 있는지 알게 되었지 만요……

●●● 단어

丈夫 [zhàngfu] 몡 남편 ↔ [妻子(qīzi)]

感情 [gǎnqíng] 몡 감정, 정, 애정, 친근감

尸骨未寒 [shīgǔwèihán] 시체가 아직 식지 않다, 죽은 지 얼마 되지 않다

痛苦 [tòngkǔ] 몡혱 고통, 아픔, 비통, 고초, 고통스럽다, 괴롭다

相比 [xiāngbǐ] 동 비교하다, 견주다

过夜 [guòyè] 동 밤을 지내다(새우다), 외박하다, 하룻밤이 지나다

●●● 설명

○ 结过婚 : '결혼한 적이 있다'. '结婚'은 이합사(離合詞)이므로 '过'가 중간에 삽입된 것. 離合詞――이합사는 이음절로 이루어진 동사로서 전후 두 개의 글자가 '술어+목적어'의 관계로 구성된 단어이다. 술어와 목적어 간의 관계가 비교적 느슨하므로, 이 때 전후 두 성분 사이에는 의문사, 수량사, 동태조사, 결과보어 등이 개입할 수 있다.

结婚, 离婚, 失业, 生气, 报仇, 请客, 担心, 安心, 毕业……

秦奋：你给他找的地儿吧？

　　　Nǐ gěi tā zhǎo de dìr ba？

求婚女：颜春岭公墓。什么时候找，什么时候在。

　　　Yánchūnlǐng gōngmù。Shénme shíhou zhǎo，shénme shíhou zài。

秦奋：那是，他要是跑了就成聊斋了。

　　　Nà shì，tā yàoshi pǎo le jiù chéng liáozhāi le。

求婚女：您今年有，五十了？

　　　Nín jīnnián yǒu，wǔshí le？

秦奋：没有，四十多。我特显老，是吗？

　　　Méiyǒu，sìshí duō。Wǒ tè xiǎn lǎo，shì ma？

求婚女：不过，没关系。我喜欢年龄大一点的。

　　　Búguò，méi guānxì。Wǒ xǐhuan niánlíng dà yìdiǎnr de。

　　　您身体怎么样啊？

　　　Nín shēntǐ zěnmeyàng a？

秦奋：有点儿虚。

　　　Yǒudiǎnr xū。

求婚女：虚点儿挺好的。您也甭锻炼了。

　　　Xū diǎnr tǐng hǎo de。Nín yě béng duànliàn le。

　　　你病了我可以照顾你。

　　　Nǐ bìng le wǒ kěyǐ zhàogù nǐ。

秦奋：你不愿意找一个结实的、身体棒的。

　　　Nǐ bú yuànyì zhǎo yí ge jiēshi de、shēntǐ bàng de。

　　　非要找一个软柿子捏。

　　　Fēiyào zhǎo yí ge ruǎn shìzi niē。

秦奋 : 당신이 손수 안장시켜 드렸겠네요?

求婚女 : 옌춘링 공동묘지에다가요. 언제 찾아 가든 거기에 있죠.

秦奋 : 아무렴요. 그가 만일 도망쳤다면 벌써 귀신이 되었겠죠.

求婚女 : 올해.... 쉬흔이 되셨다구요?

秦奋 : 아니요. 마흔 조금 넘었어요. 제가 그렇게 늙어 보이나요?

求婚女 : 그렇지만, 상관 없어요. 저는 나이가 좀 드신 분이 좋아요. 건강은 어때요?

秦奋 : 좀 허약한 편이에요.

求婚女 : 조금 허약한 게 훨씬 좋아요. 체력단련 같은 건 하실 필요 없어요. 아프면 제가 돌봐 드리면 되니까요.

秦奋 : 건장하고 튼튼한 사람을 찾는 게 아니군요. 물렁감을 찾으시니 말이에요.

●●●단어

公墓 [gōngmù] 몡 공동묘지

聊斋 [liáozhāi] 요재지이(聊齋志異)--중국 청초(清初)에 나온 문어체의 괴이(怪異) 소설집, 저자는
　　　　　　　　　포송령(蒲松齡)

显 [xiǎn] 통혱 (밖으로) 드러내다, 보이다, 나타내다, 분명하다, 뚜렷하다, 명확하다

虚 [xū] 혱 (체질이) 허약하다, 허위의, 거짓의, 실없는, 괜한

锻炼 [duànliàn] 통 (몸을) 단련하다, 단조하다, 제련하다

病 [bìng] 몡통 병, 병나다

照顾 [zhàogù] 통 보살피다, 돌보다, 간호하다

结实 [jiēshi] 혱 튼튼하다, 건장하다, 굳다, 단단하다, 견고하다, 질기다

棒 [bàng] 혱 (성적이) 좋다, (수준이) 높다, (체력이나 능력이) 강하다, 건장하다

非要 [fēiyào] 뮈 아무튼, 어쨌든, 하여간, 굳이. (주로 '不可', '不行' 등과 호응)

软 [ruǎn] 혱 (물체의 속성이) 부드럽다, 연하다, 온화하다

柿子 [shìzi] 몡 감, 감나무

捏 [niē] 통 (엄지손가락과 다른 손가락으로) 집다, 잡다, (손으로) 빚다, 빚어 만들다, (손으로)
　　　　잡다, 쥐다

●●●설명

○(是)你给他找的地儿吧？: 문장 전체 앞에 '是'가 생략된 형식. '是~~吧?'의 구조임.

○您今年有, 五十了？: '有'는 수량사 앞에 위치하여 '~되다', 즉 시간의 경과를 나타냄.

求婚女：软柿子才好吃了。

Ruǎn shìzi cái hǎochī le。

秦奋：病秧子似的，年龄又大。你不担心婚姻的质量？

Bìngyāngzǐ shìde niánlíng yòu dà。Nǐ bù dānxīn hūnyīn de zhìliàng？

你这个年纪，我直说啊，正是如狼似虎的年龄段啊。

Nǐ zhèi ge niánjì, wǒ zhí shuō a, zhèng shì rúlángsìhǔ de niánlíngduàn a。

求婚女：您觉得爱情的基础就是性吗？

Nín juéde àiqíng de jīchǔ jiù shì xìng ma？

秦奋：不完全是。可要是没有，肯定不能叫爱情，顶多叫交情。

Bù wánquán shì。Kě yàoshi méi yǒu, kěndìng bù néng jiào àiqíng, dǐngduō jiào jiāoqíng。

求婚女：你这我就不同意。没有怎么了？照样能白头到老啊。

Nǐ zhè wǒ jiù bù tóngyì。Méi yǒu zěnme le？Zhàoyàng néng báitóudàolǎo a。

我当然意思也不是说，完全不能有。就是，别太频繁。

Wǒ dāngrán yìsi yě bú shì shuō, wánquán bù néng yǒu。Jiù shì, bié tài pínfán。

求婚女 : 물렁감이라야 맛이 있는 거죠!

秦奋 : 몸은 약골인데 나이까지 많으면, 결혼의 질이 많이 떨어질 텐데요?

그 나잇대면.... 솔직히 말할 게요. 말 그대로 피가 끓을 나이인데....

求婚女 : 애정의 기본이 섹스라고 생각하시나요?

秦奋 : 온전히 그것 때문만은 아니죠. 그러나 그게 없으면 애정이라 할 수 없고, 그냥 정분이라고만 해야겠죠.

求婚女 : 저는 이 부분에는 동의할 수가 없어요. 그게 없다한들 또 뭐가 어때서요? 그냥 그대로 백년해로할 수 있잖아요.

제 얘기도 그게 완전히 없어야 한다는 건 아니에요. 너무 자주 하는 게 싫다는 거죠.

●●● 단어

软柿子 [ruǎnshìzi] 몡 연시, 물렁감

病秧子 [bìngyāngzi] 몡 약골, 약질 (孱弱[chánruò] ; 软蛋[ruǎndàn])

质量 [zhìliàng] 몡 (생산품이나 일의) 질, 품질, 질량

直 [zhí] 혱 솔직하다, 시원시원하다

如狼似虎 [rúlángsìhǔ] [성어] 늑대 같고 호랑이 같다, 매우 잔인하고 흉악하다

年龄段 [niánlíngduàn] 몡 연령대, 연령 단계, 연령기

性 [xìng] 몡혱 생식(의), 성(의), 섹스

顶多 [dǐngduō] 뷔 기껏해야, 겨우, 고작, 많이 잡아야, 잘 해야, 끽해야

交情 [jiāoqing] 몡 우정, 친분, 정분

照样 [zhàoyàng] 동뷔 어떤 모양대로 하다, 그대로 하다, 여전히, 변함없이

白头到老 [báitóudàolǎo] 몡동 백년해로(하다)

频繁 [pínfán] 혱 잦다, 빈번하다

●●● 설명

∘软柿子才好吃了 : '才'는 '~이야말로'의 의미. 주어 '软柿子'를 강조하는 뜻으로 사용함.

∘不完全是 : '不完全是(완전히 그런 것은 아니다)'와 '完全不是(완전히 그렇지 않다)'는 '부분 부정'과 '전체 부정'의 차이.

秦奋：那你认为，多长时间亲热一回，算是不频繁呢？

Nà nǐ rènwéi, duō cháng shíjiān qīnrè yì huí, suàn shì bù pínfán ne？

求婚女：这是我的理想。

Zhè shì wǒ de lǐxiǎng。

秦奋：你说! 一个月一次？

Nǐ shuō! Yí ge yuè yí cì？

求婚女：一年一次! 您要是同意了，咱们再接着往下接触。

Yì nián yí cì! Nín yàoshi tóngyì le, zánmen zài jiēzhe wǎng xià jiēchù。

秦奋：我不同意。我明白你丈夫为什么不回家了。

Wǒ bù tóngyì。Wǒ míngbai nǐ zhàngfu wèishénme bù huíjiā le。

咱俩要是结婚了，你也找不着我住哪儿。

Zán liǎ yàoshi jiéhūn le, nǐ yě zhǎobuzháo wǒ zhù nǎr。

可惜了!

Kěxī le!

求婚女：那事儿就那么有意思吗？

Nèi shìr jiù nàme yǒu yìsi ma？

秦奋：有啊!

Yǒu a!

秦奋 : 그럼 당신 생각엔 얼마만에 한 번 하는 게 빈번하지 않은 정도라는 거죠?

求婚女 : 이건 그야말로 제 희망사항이긴 한데요.

秦奋 : 말씀해 보세요. 한 달에 한 번이요?

求婚女 : 일 년에 한 번이요! 만일 동의하신다면, 우리 만남을 계속해 보도록 하구요.

秦奋 : 동의 못합니다. 당신 남편이 왜 집에 돌아 오지 않았는 지 알 것 같아요.
　　　우리가 만일 결혼을 한다면, 당신도 내가 어디 있는 지를 찾지 못 할 거에요.
　　　안타깝네요!

求婚女 : 그 게 그렇게 재미있나요?

秦奋 : 그럼요!

●●● 단어

接触 [jiēchù] 동 닿다, 접촉하다, 접근하다, 관계를 갖다, 교제하다, 왕래하다

可惜 [kěxī] 형 섭섭하다, 아쉽다, 애석하다, 아깝다, 유감스럽다

●●● 설명

○ 往下 : '계속해서', '이어서', '아래로'. 공간적 개념보다는 시간적 개념의 '계속', '유지'.

○ 找不着 : '찾을 수 없다'. '술보구조'––找着'의 부정 가능보어식. 긍정식은 '找得着'.

1. '着'가 타동사 뒤에 결과보어로 쓰여 목적에 도달하거나 목적이 달성되었음을 표현.
   '了', '过'가 뒤에 올 수 있으며, '得', '不'를 삽입할 수 있음.
   猜着 ｜ 打着了 ｜ 找得着 ｜ 我个子高, 够得着

2. 자동사 혹은 형용사 뒤에 사용하여 결과나 영향이 나타났음을 표시. '了', '过'가 뒤에
   올 수 있으며, '得', '不'를 삽입할 수 있음.
   睡着过 ｜ 饿着了 ｜ 饿不着 ｜ 累不着 ｜ 冻着了

3. 어떤 동사 뒤에 반드시 '得', '不'를 사용하여 관용어구를 만듦. 일반적으로 의문문이나
   부정문에 사용.
   犯得(不)着 ｜ 怪得(不)着 ｜ 数得(不)着 ｜ 顾得(不)着

20

谢子言：对不起! 刚才不方便接你电话。

Duìbuqǐ! Gāngcái bù fāngbiàn jiē nǐ diànhuà。

笑笑，我说一件事儿，你不要生气啊!

Xiàoxiao, wǒ shuō yí jiàn shìr, nǐ bú yào shēngqì a!

我和我太太，跟你坐同一班飞机。

Wǒ hé wǒ tàitai, gēn nǐ zuò tóng yì bān fēijī。

笑笑：你不能换票吗？

Nǐ bù néng huàn piào ma？

谢子言：我也是刚刚知道的。

Wǒ yě shì gānggāng zhīdao de。

机票是她一早订好的。想不到你也飞这班。

Jīpiào shì tā yìzǎo dìnghǎo de。Xiǎngbúdào nǐ yě fēi zhè bān。

你知道我是在乎你的。可我弟结婚我也不能不去。

Nǐ zhīdao wǒ shì zàihu nǐ de。Kě wǒ dì jiéhūn wǒ yě bù néng bú qù。

我只希望你可以，尽量回避一下。眼不见为净嘛。

Wǒ zhǐ xīwàng nǐ kěyǐ, jìnliàng huíbì yí xià。Yǎn bú jiàn wéi jìng ma。

笑笑：我怎么回避？

Wǒ zěnme huíbì？

机舱就那么点大的地方，你们坐的又是头等舱。

Jīcāng jiù nàme diǎnr dà de dìfang, nǐmen zuò de yòu shì tóuděngcāng。

你要我哪儿躲。不可以这样欺负我。

Nǐ yào wǒ nǎr duǒ。Bù kěyǐ zhèyang qīfu wǒ。

20

谢子言 : 미안해! 좀 전에 당신 전화 받기가 좀 불편했어.
　　　　샤오샤오, 내가 하는 말 듣고 화 내지는 말아줘!
　　　　나랑 집사람이 당신과 같은 비행기를 타게 됐어.
笑笑 : 표를 바꿀 수는 없었어요?
谢子言 : 나도 방금 전에 안 일이라서 말야. 비행기표는 마누라가 진작에 예매한 거거든.
　　　　당신도 이 비행기일 줄은 몰랐어. 내가 당신한테 늘 신경쓰고 있는 건 당신도 잘
　　　　알잖아. 내 동생 결혼식이라 안 갈 수가 없었어. 최대한 당신이 좀 피해 주면 좋겠어.
　　　　안 보이면 감쪽같잖아.
笑笑 : 내가 어떻게 피해요? 손바닥만한 기내에서, 더군다나 당신들 자리는 일등석일
　　　　텐데. 나더러 어디에 숨어 있으라고 이러는 거죠? 나를 이렇게 업신여기다니.

●●● 단어

生气 [shēngqì] ⑤ 화내다, 성나다 ↔ 消气
班 [bān] ⑭ 순번, 차례, 반, 조, 그룹　航班 [hángbān] 운항편, 항공편
一早 [yìzǎo] ⑭ 예전부터, 옛날부터, 진작부터, 새벽, 해뜰 무렵, 아침 일찍
在乎 [zàihu] ⑤ (유쾌하지 않은 일을) 마음 속에 두다, 신경쓰다, 개의하다
尽量 [jìnliàng] ⑪ 가능한 한, 되도록, 될 수 있는 대로, 최대 한도로, 마음껏, 한껏
回避 [huíbì] ⑤ 회피하다, 피하다, 비켜가다
眼不见为净 [yǎnbújiànwéijìng] 눈으로 보지 않으면 걱정하지 않는다, 안 보는 것이 마음 편하다,
　　　　눈으로 보지 않은 것은 매우 깨끗한 법이다
机舱 [jīcāng] ⑭ 비행기의 객실 또는 화물칸, 기내
头等舱 [tóuděngcāng] ⑭ 일등석, 일등 선실
躲 [duǒ] ⑤ 피하다, 숨다
欺负 [qīfu] ⑤ 얕보다, 괴롭히다, 업신여기다

●●● 설명

○ 订好 : '好'는 결과보어. 동사 뒤에 쓰여 완성되었거나 잘 마무리되었음을 표현함.

○ 不能不~ : '~하지 않을 수 없다', '~하지 않고는 못 배기다'

21

空姐：欢迎光临，大新华航空！

Huānyíngguānglín, dàxīnhuá hángkōng!

笑笑：欢迎光临，大新华航空！请出示您的登机牌。

Huānyíngguānglín, dàxīnhuá hángkōng! Qǐng chūshì nín de dēngjīpái。

秦奋：梁笑笑！真是你啊！咱们真是冤家路窄。

Liángxiàoxiao! Zhēn shì nǐ a! Zánmen zhēn shì yuānjiālùzhǎi。

笑笑：请您继续往前走。不要挡住后面的客人。

Qǐng nín jìxù wǎng qián zǒu。Bú yào dǎngzhù hòumiàn de kèrén。

欢迎光临，大新华航空！

Huānyíngguānglín, dàxīnhuá hángkōng!

空姐：您好！请往这边通道走。

Nín hǎo! Qǐng wǎng zhèbiān tōngdào zǒu。

笑笑：欢迎光临，大新华航空！

Huānyíngguānglín, dàxīnhuá hángkōng!

请出示您的登机牌。前面左手。

Qǐng chūshì nín de dēngjīpái。Qiánmiàn zuǒshǒu。

21

空姐 : 어서오십시오! 신화항공입니다!

笑笑 : 어서오십시오! 신화항공입니다! 탑승권 좀 보여 주십시오.

秦奋 : 량샤오샤오! 정말 당신이군요! 원수는 외나무 다리에서 만난다더니만.

笑笑 : 앞쪽으로 좀 가 주십시오. 뒤쪽의 손님들을 막으시면 안 됩니다.
어서오십시오. 신화항공입니다!

空姐 : 안녕하세요! 이쪽 통로로 가시면 됩니다.

笑笑 : 어서오십시오! 신화항공입니다!
탑승권을 좀 보여 주세요. 앞쪽 왼편입니다.

●●● 단어

欢迎光临 [huānyíngguānglín] 어서 오세요, 환영합니다
出示 [chūshì] [동] 내보이다, 제시하다, 포고문을 붙이다
登机牌 [dēngjīpái] [명] 탑승권, 보딩패스
冤家路窄 [yuānjiālùzhǎi] [성어] 원수는 외나무다리에서 만난다
继续 [jìxù] [동][명] 계속하다, 끊임없이 하다, 연속, 계속, 속편
通道 [tōngdào] [명] 통로, 큰길, 채널, 경로
左手 [zuǒshǒu] [명] 왼손, (자리의) 왼쪽. 일반적으로 '左首'로 사용함.

●●● 설명

○ 挡住 [dǎngzhù] : '저지하다', '막(아 내)다', '가리다'. 'V+住' 결과보어식.

谢太太：好。

Hǎo。

笑笑：欢迎光临，大新华航空!

Huānyíngguānglín, dàxīnhuá hángkōng!

空姐：欢迎登机。我来看一下您坐在哪边。

Huānyíng dēngjī。Wǒ lái kàn yí xià nín zuò zài nǎbiān。

先生，这边通道走。

Xiānsheng, zhèbiān tōngdào zǒu。

笑笑：请抓紧时间入座。

Qǐng zhuājǐn shíjiān rùzuò。

空姐：先生，麻烦抓紧时间。飞机马上要关门了。

Xiānsheng, máfan zhuājǐn shíjiān。Fēijī mǎshàng yào guānmén le。

检查员：请签字!

Qǐng qiānzì!

空姐：好，进来吧。

Hǎo, jìnlái ba。

笑笑：我来签。

Wǒ lái qiān。

谢太太：谢谢啊!

Xièxie ā!

空姐：您好! 让我来吧。您请入座。

Nín hǎo! Ràng wǒ lái ba。Nín qǐng rùzuò。

笑笑：请用方巾。喝点饮料吗？

Qǐng yòng fāngjīn。Hē diǎnr yǐnliào ma？

谢太太：小姐，要是有空座位的话，我想和我先生坐在一起。

Xiǎojie, yàoshi yǒu kōng zuòwèi de huà, wǒ xiǎng hé wǒ xiānsheng zuò zài yìqǐ。

谢太太：네.

笑笑：어서오십시오! 신화항공입니다!

空姐：탑승을 환영합니다. 좌석을 좀 안내해 드리겠습니다.
선생님, 이쪽 통로로 가 주십시오.

笑笑：서둘러 자리에 앉아 주시기 바랍니다.

空姐：선생님, 실례합니다만, 좀 서둘러 주십시오. 곧 비행기의 문이 닫힙니다.

检查员：사인 좀 해 주세요!

空姐：네, 안으로 들어 오시지요.

笑笑：제가 사인할게요.

谢太太：감사합니다!

空姐：안녕하세요! 제가 해 드릴게요. 자리에 앉아 주십시오.

笑笑：물티슈입니다. 음료수 드시겠습니까?

谢太太：아가씨, 만일 빈 자리가 있으면 제 남편과 좀 같이 앉고 싶은데요.

●●● 단어

登机 [dēngjī] [동] 비행기에 탑승하다
抓紧 [zhuājǐn] [동] 서둘러 하다, 급히 하다, 꽉 쥐다, 단단히 잡다, 놓치지 않다
入座 [rùzuò] [동] 자리에 앉다
马上 [mǎshàng] [부] 곧, 즉시, 바로, 금방
签字 [qiānzì] [동] 서명하다, 조인하다, 사인하다
方巾 [fāngjīn] [명] 물수건 (=湿毛巾, 湿餐巾)

●●● 설명

○ 让我来吧 : '来'는 의미가 구체적인 동사를 대체하여 '어떤 동작을 하다'는 뜻을 나타냄.
你休息一会儿, 让我来 (좀 쉬어라, 내가 할게)
别跟我来这一套 (나에게 이런 수작 부리지 마라)

笑笑：对不起，今天头等舱满员。

Duìbùqǐ, jīntiān tóuděngcāng mǎnyuán。

如果你不介意的话，我可以帮你去经济舱看一看。

Rúguǒ nǐ bú jièyì de huà, wǒ kěyǐ bāng nǐ qù jīngjìcāng kàn yí kàn。

谢太太：我们夫妇俩人一起订的票，没有道理不安排坐在一起的嘛。

Wǒmen fūfù liǎ rén yìqǐ dìng de piào, méi yǒu dàolǐ bù ānpái zuò zài yìqǐ de ma。

笑笑：下次您可以早一点来机场换登机牌。

Xià cì nín kěyǐ zǎo yìdiǎn lái jīchǎng huàn dēngjīpái。

因为电脑里面是不会显示你们是夫妻关系的。

Yīnwèi diànnǎo lǐmiàn shì bú huì xiǎnshì nǐmen shì fūqī guānxì de。

秦奋：我跟你们换。真是不应该把人家夫妻分开。

Wǒ gēn nǐmen huàn。 Zhēn shì bù yīnggāi bǎ rénjia fūqī fēnkāi。

小同志! 我知道这是地面的事，不归你们空姐管。

Xiǎo tóngzhì! Wǒ zhīdao zhè shì dìmiàn de shì, bù guī nǐmen kōngjiě guǎn。

笑笑 : 죄송합니다. 오늘은 일등석이 만석이라서요.

만일 괜찮으시다면 이코노미쪽으로 빈 자리가 있나 알아봐 드리겠습니다.

谢太太 : 우리 부부가 같이 산 표인데, 같이 앉도록 안 해 준다는 게 이해가 되지 않네요.

笑笑 : 다음 번에는 좀 더 일찍 공항에 오셔서 탑승권을 바꾸도록 하십시오.

컴퓨터 화면상으로는 두 분이 부부라는 게 나타나질 않아서요.

秦奋 : 제가 바꿔 드리도록 하죠. 멀쩡한 부부를 갈라 놓아서야 쓰나.

승무원 동지! 이게 지상 근무팀 소관이라서 승무원들 책임이 아니라는 것은 압니다.

●●● 단어

满员 [mǎnyuán] ⑤ (승객·인원이) 다 차다, 만원이 되다

介意 [jièyì] ⑤ (유쾌하지 않은 일을) 마음 속에 두다, 신경 쓰다, 개의하다

经济舱 [jīngjìcāng] ⑫ (비행기·선박 등의) 일반석, 보통석

安排 [ānpái] ⑤ (인원·시간 등을) 안배하다, 일을 처리하다, 준비하다

显示 [xiǎnshì] ⑤ 현시하다, 뚜렷하게 나타내 보이다, 분명하게 표현하다, 보여주다

夫妻 [fūqī] ⑫ 부부, 남편과 아내

同志 [tóngzhì] ⑫ 동지 (같은 당원, 혹은 같은 목적을 위해 분투하는 사람)

地面 [dìmiàn] ⑫ 지면, 지표, 바닥, 지역, 구역, 관할 범위, 관내

归 [guī] ⑤ ~에 속하다, ~에 귀속되다

管 [guǎn] ⑤ 간섭(상관)하다, 관리(담당)하다, 책임지다, 단속(통제,지도)하다

●●● 설명

○ 我可以帮你去经济舱看一看 : '我帮你'와 '我去经济舱看一看' 두 동사절이 결합된 연동구조임. 연동구조의 특징은 하나의 주어가 두 개 이상의 동사구에 주어로 작용하여 동작행위가 시간 발생순서에 따라 연속적으로 행해짐을 표현함.

可是乘客的意见，你们也应该虚心接受，认真向上边反映嘛。

Kěshì chéngkè de yìjiàn, nǐmen yě yīnggāi xūxīn jiēshòu, rènzhēn xiàng shàngbiān fǎnyìng ma。

老说改进服务质量怎么改，其实就是细节。

Lǎo shuō gǎijìn fúwù zhìliàng zěnme gǎi, qíshí jiù shì xìjié。

您过来，来!

Nín guòlái, lái!

谢子言：不用那么麻烦。很快就到了。

Bú yòng nàme máfan。Hěn kuài jiù dào le。

笑笑：飞机快要起飞了。

Fēijī kuài yào qǐfēi le。

如果你们要换位子的话，请抓紧时间。

Rúguǒ nǐmen yào huàn wèizi de huà, qǐng zhuājǐn shíjiān。

秦奋：不麻烦。我都站起来了。您就过去吧。请!

Bù máfan。Wǒ dōu zhànqilái le。Nín jiù guòqù ba。Qǐng!

谢子言：谢谢你啊!

Xièxie nǐ a!

笑笑：请系上安全带。

Qǐng xìshang ānquándài。

谢太太：谢谢!

Xièxie!

空姐：女士们、先生们! 我们的飞机马上就要起飞。

Nǚshìmen、xiānshengmen! Wǒmen de fēijī mǎshàng jiù yào qǐfēi。

为了确保您的安全，请您再一次检查安全带已经扣好、系紧。

Wèile quèbǎo nín de ānquán, qǐng nín zài yí cì jiǎnchá ānquándài yǐjīng kòuhǎo、xìjǐn。

手机电源处于关闭状态。谢谢!

Shǒujī diànyuán chǔyú guānbì zhuàngtài。Xièxie!

그래도 승객이 의견을 내면, 당신들은 마땅히 겸허한 마음으로 받아 들이고, 진지하게 상부에 보고해야죠. 맨날 서비스 개선이 어쩌구 저쩌구 거창해 보이지만, 알고 보면 사실은 작은 것부터 해야 하는 것입니다.

이쪽으로 오십시오, 오세요!

谢子言：번거롭게 그러실 필요 없습니다. 금방 도착할 텐데요 뭐.

笑笑：비행기가 곧 이륙하겠습니다. 자리 바꾸실 거면 서둘러 주세요.

秦奋：귀찮을 거 없어요. 저는 벌써 일어났는 걸요. 저리로 가시죠, 자!

谢子言：감사합니다!

笑笑：안전벨트를 잘 매 주세요.

谢太太：고맙습니다!

空姐：신사, 숙녀 여러분! 우리 비행기가 곧 이륙할 예정이오니 여러분의 안전을 위해 안전띠가 잘 매지고 채워졌는지 다시 한 번 확인해 주시기 바랍니다.

핸드폰의 전원을 꺼 주시기 바랍니다. 감사합니다!

●●● 단어

乘客 [chéngkè] [명] 승객
虚心 [xūxīn] [형] 겸손하다, 겸허하다, 자만하지 않다, 허심하다
反映 [fǎnyìng] [동] 반영하다, 보고하다, 전달하다, 알게 하다
改进 [gǎijìn] [동] 개선하다, 개량하다
服务 [fúwù] [동] 복무하다, 근무하다, 일하다, 봉사하다, 서비스하다
细节 [xìjié] [명] 자세한 사정, 세부(사항), 사소한 부분
起飞 [qǐfēi] [동] (비행기 · 로켓 등이) 이륙하다
系 [xì] [동] 묶다, 매다, 연결하다, 연계시키다, 맺다, 관련되다
安全带 [ānquándài] [명] (비행기 · 자동차 등의) 안전 벨트
确保 [quèbǎo] [동] 확보하다, 확실히 보장하다
处于 [chǔyú] [동] (사람 · 사물이 어떤 지위 · 상태 · 환경 · 시간에) 처하다, 놓이다

●●● 설명

○ 我都站起来了：'都'는 '이미', '벌써'의 의미. ('已经'의 의미, 대개 文末에 '了'와 호응함)
都十二点了，还不睡！ | 饭都凉了，快吃吧！ | 我都快六十了，该退休了
○ 扣好、系紧：결과보어식

笑笑：你不知道飞机正在滑行吗？有什么事回头再说。

Nǐ bù zhīdao fēijī zhèngzài huáxíng ma？Yǒu shénme shì huítóu zài shuō。

秦奋：我是想提醒你。

Wǒ shì xiǎng tíxǐng nǐ。

为了你的安全，请你也系好安全带。

Wèile nǐ de ānquán，qǐng nǐ yě xìhǎo ānquándài。

那位先生就是让你爱得死去活来的鸡肋吧。

Nà wèi xiānsheng jiù shì ràng nǐ àide sǐqùhuólái de jīlèi ba。

笑笑：请你不要打扰我的工作。

Qǐng nǐ bú yào dǎrǎo wǒ de gōngzuò。

秦奋：有些事当止则止。我到杭州呆几天就回去。

Yǒu xie shì dāng zhǐ zé zhǐ。Wǒ dào hángzhōu dāi jǐ tiān jiù huíqù。

你要是飞北京的话，想喝酒了就给我打电话。

Nǐ yàoshi fēi Běijīng de huà，xiǎng hē jiǔ le jiù gěi wǒ dǎ diànhuà。

拿我当个知心不换命的酒友吧。

Ná wǒ dāng ge zhīxīn bú huànmìng de jiǔyǒu ba。

笑笑 : 비행기가 지금 이륙중인 거 모르세요? 일이 있으면 좀 있다 다시 얘기하세요.

秦奋 : 당신에게 좀 알려 주려고요. 당신도 안전을 위해서 안전벨트 좀 매 주시죠. 아까
       그 선생이 당신을 슬프게 하는 바로 그 '계륵'이실 테죠?

笑笑 : 근무 중이니 방해하지 말아 주세요.

秦奋 : 어떤 일들은 그만둘 때가 되면 그만둬야 하는 법이에요. 나는 항주에 도착하면
       며칠 머물렀다가 돌아 갈 건데, 만일 베이징으로 가신다면 술 마시고 싶을 때
       전화하세요. 마음을 알아주지만 목숨을 줄 정도는 아닌 그런 술친구 정도로 생
       각하시고.

● ● ● 단어

滑行 [huáxíng] ⑤ 지쳐 나가다, 활주하다, 미끄러지며 움직이다

回头 [huítóu] ⑨ 조금 있다가, 잠시 후에, 이따가, 나중에

提醒 [tíxǐng] ⑤ 일깨우다, 깨우치다, 주의를 환기시키다, 상기시키다, 경계시키다, 경고하다

死去活来 [sǐqùhuólái] [성어] 까무러칠 정도로 슬프다, 매우 아프다, 죽었다 살아나다, 까무러쳤다가
                  깨어나다

鸡肋 [jīlèi] ⑩ 계륵, 닭갈비, 그다지 가치는 없으나 버리기는 아까운 것

打扰 [dǎrǎo] ⑤ 방해하다, 지장을 주다, 폐를 끼치다

呆 [dāi] ⑱ '待(dài)'와 같음. 머물다, 묵다, 체류하다, 체재하다, 지내다

拿 [ná] ㉗ ~로써, ~을(를) 가지고서

当 [dàng] ⑤ ~(이)라고 생각하다, ~로 삼다

知心 [zhīxīn] ⑱ 서로를 잘 아는, 흉금을 터놓는, 허물없는, 절친한

● ● ● 설명

○ 爱得死去活来的鸡肋 : '爱得死去活来'가 정도보어식을 형성한 후 '的'와 결합하여 '鸡肋'을
                    꾸며 주는 관형어가 된 구조.

○ 当止则止 : '마땅히 그만두어야 하면 곧 그만두다.'

○ 知心不换命 : '마음을 알아주나 목숨까지 바칠 정도는 아니다.'

22

导游：外面的人一提到杭州，首先想到的就是西湖。

Wàimiàn de rén yì tídào Hángzhōu, shǒuxiān xiǎngdào de jiù shì Xīhú。

却不知道就在杭州市区距离西湖仅有五公里之遥的地方，至今仍保留着一片罕见的次生态湿地。

Què bù zhīdao jiù zài Hángzhōu shìqū jùlí Xīhú jǐn yǒu wǔ gōnglǐ zhī yáo de dìfang, zhìjīn réng bǎoliúzhe yí piàn hǎnjiàn de cì shēngtài shīdì。

它是第一个国家级的湿地公园，名叫西溪湿地。

Tā shì dì yí ge guójiājí de shīdì gōngyuán, míng jiào Xīxī shīdì。

宋朝有个皇帝，他逃亡经过这儿，就跟我一样迷上了西溪，想把行宫也建在西溪。

Sòngcháo yǒu ge huángdì, tā táowáng jīngguò zhèr, jiù gēn wǒ yíyàng míshàng le Xīxī, xiǎng bǎ xínggōng yě jiàn zài Xīxī。

后来由于经费不够，不得已放弃了这一打算。

Hòulái yóuyú jīngfèi bú gòu, bù dé yǐ fàngqì le zhè yì dǎsuan。

22

导游 : 외지 사람들이 항저우를 거론할 때면, 우선 시후(西湖)만을 떠올리곤 합니다.
항저우 시내에서 시후까지 겨우 5km 밖에 되지 않는 곳에 아직까지 보기드문 2급 생태습지를 가지고 있다는 건 오히려 모르시죠.
이 습지는 국가 최초의 습지공원으로서 '시시'습지라고 부른답니다.
송나라 황제께서 도망길에 올라 이 곳을 지나치시다 저처럼 이렇게 '시시'에 매료가 되어서 행궁을 여기에 차리고자 하셨죠.
이후 불행히도 경비가 부족하여 아쉽게도 이 계획을 포기하고 마셨어요.

단어

提 [tí] [동] 말하다, 언급하다, 제기하다, (손에) 들다, (시간 · 기일을) 앞당기다
杭州 [Hángzhōu] [고] 항저우(杭州). 저장(浙江)성의 성도
西湖 [Xīhú] [고] 시후, 서호. [저장(浙江)성 항저우(杭州)에 있는 호수 이름]
却 [què] [부] ~지만, 하지만. ('可', '倒', '竟'과 비슷한 뜻으로 역접을 나타냄)
距离 [jùlí] [명] 거리, 간격, 격차, 차이
遥 [yáo] [형] (거리가) 멀다, 아득하다, 요원하다
至今 [zhìjīn] [부] 지금까지, 여태껏, 오늘까지
保留 [bǎoliú] [동] 보존하다, 유지하다, 남겨 두다, 간직하다, 보류하다
罕见 [hǎnjiàn] [형] 보기 드물다, 희한하다
生态 [shēngtài] [명] 생태
湿地 [shīdì] [명] 습한 곳, 습지
逃亡 [táowáng] [동] 도망치다, 도망을 다니다
行宫 [xínggōng] [명] 행궁, 이궁
建 [jiàn] [동] (건물 등을) 만들다, 시공하다, 부설하다, 짓다, 건설하다
经费 [jīngfèi] [명] (사업 · 지출상의) 경비, 비용
不得已 [bùdéyǐ] [형] 어쩔 수 없이, 부득이하다, 마지못하다
放弃 [fàngqì] [동] 버리다, 포기하다

설명

○ 一提到杭州, 首先想到的就是西湖 : '一~~, 就~~'용법. '~하기만 하면, 곧 ~하다'.

在临走之前依依不舍，说了句，"西溪且留下"。

Zài lín zǒu zhī qián yīyībùshě, shuō le jù, "Xīxī qiě liúxià".

就这样留下了西溪的千古美名。

Jiù zhèyang liúxià le Xīxī de qiāngǔ měimíng。

我今天带您去看的房子，就在留下镇，相信您看了也会留下的。

Wǒ jīntiān dài nín qù kàn de fángzi, jiù zài liúxiàzhèn, xiāngxìn nín kàn le yě

huì liúxià de。

秦奋：宋高宗老赵想留下，可是他没钱，只能留下一句话。

Sòng gāozōng lǎozhào xiǎng liúxià, kěshì tā méi qián, zhǐ néng liúxià yí jù huà。

我可是带着钱来的。

Wǒ kěshì dàizhe qián lái de。

我要是看上你们这房子，留下的可就是人生了。

Wǒ yàoshi kànshàng nǐmen zhè fángzi, liúxià de kě jiù shì rénshēng le。

导游：这是您的门厅，这是您的客厅，这是您的主卧。

Zhè shì nín de méntīng, zhè shì nín de kètīng, zhè shì nín de zhǔwò。

前面这块水面就是您的私家池塘。

Qiánmiàn zhè kuài shuǐmiàn jiù shì nín de sījiā chítáng。

秦奋：等会儿，等会儿，等会儿。

Děng huìr, děng huìr, děng huìr。

你别老说这儿是您的客厅、您的主卧、您的私家池塘。

Nǐ bié lǎo shuō zhè shì nín de kètīng、nín de zhǔwò、nín de sījiā chítáng。

我还不知道买不买呢。

Wǒ hái bù zhīdao mǎi bu mǎi ne。

이곳을 떠나기 전 그저 아쉬운 마음에 불후의 구절만 남기고 가시게 되었죠. "시시에 잠시 머무노라".
이렇듯 '시시' 천고의 아름다운 이름을 남기게 되었답니다.
제가 오늘 보여 드릴 집도 바로 이곳 '리우샤쩐'에 위치하고 있는데요. 그 곳을 보시면 선생님께서도 아마 머무르시게 될 거에요.

秦奋 : 송나라 고종 조아무개 어르신이야 머물고 싶어도 가진 돈이 없었으니 그런 말밖에 남길 게 없었던 것이지만, 나는 돈을 가지고 왔소이다. 집만 마음에 든다면야, 남기고 싶은 것은 바로 '인생'이라오.

导游 : 여기는 선생님의 현관이구요, 여기는 선생님의 응접실, 그리고 여기는 선생님의 침실입니다. 앞에 보이는 곳도 선생님 개인 소유의 연못이 되는 겁니다.

秦奋 : 잠깐, 잠깐, 잠깐! 여기는 선생님의 현관, 여기는 선생님의 응접실, 여기는 선생님의 침실, 여기는 선생님의 연못... 제발 이런 소리 좀 하지 말아요. 아직 살 지 안 살 지도 모르는데.

●●● 단어

临 [lín] [부] 곧 ~하려고 하다, ~에 즈음하여, ~바로 전에, ~의 순간에
依依不舍 [yīyībùshě] [성어] 차마 떠나지 못하다, 헤어지기 서운해하다
千古 [qiāngǔ] [명] 오랜 세월, 천추(千秋), 천고
美名 [měimíng] [명] 좋은 이름(평판), 명성, 명예
留下镇 [고] [liúxiàzhèn] 항저우 서쪽의 마을 이름, '西溪'의 후대 이름.
门厅 [méntīng] [명] 현관 홀
客厅 [kètīng] [명] 객실, 응접실
主卧 [zhǔwò] [명] 침실
私家 [sījiā] [명] 개인, 사설
池塘 [chítáng] [명] (비교적 작고 얕은) 못, 연못

●●● 설명

○ "西溪且留下" : '시시에 잠시 머무노라.'

导游：比这里好的房子您肯定看过很多，但像这样的环境，就算花再多的钱，您也买不到啊。

Bǐ zhèli hǎo de fángzi nín kěndìng kànguo hěn duō, dàn xiàng zhèyàng de huánjìng, jiù suàn huā zài duō de qián, nín yě mǎibúdà a。

秦奋：喂!

Wéi!

笑笑：昨天心情特别不好，所以请了假留在杭州没走。

Zuótiān xīnqíng tèbié bù hǎo, suǒyǐ qǐng le jià liú zài Hángzhōu méi zǒu。

晚上喝了大半瓶酒才勉强睡得着。

Wǎnshang hē le dà bàn píng jiǔ cái miǎnqiǎng shuìdezháo。

今天早上睡了一上午，醒来不知道要干吗。

Jīntiān zǎoshang shuì le yí shàngwǔ, xǐnglái bù zhīdao yào gàn má。

要是你闲着没事，就出来陪我聊聊天。

Yàoshi nǐ xiánzhe méi shì, jiù chūlai péi wǒ liáoliaotiān。

秦奋：聊天儿没问题。

Liáotiānr méi wèntí。

可是我下午约了和征婚的人见面呢。

Kěshì wǒ xiàwǔ yuē le hé zhēnghūn de rén jiànmiàn ne。

笑笑：你征婚都征到杭州来啦？

Nǐ zhēnghūn dōu zhēng dào Hángzhōu lái la？

网撒得可真够大的。

Wǎng sǎde kě zhēn gòu dà de。

秦奋：我也是有枣没枣打一杆子，宁可错杀一千，绝不放过一个。

Wǒ yě shì yǒu zǎo méi zǎo dǎ yì gānzi, nìngkě cuò shā yì qiān, jué bú fàngguò yí ge。

导游 : 여기보다 좋은 집들은 분명 많이 보셨을 거에요. 그러나 이같은 환경은 돈을 아무리 많이 쓰셔도 사시기 힘드실 걸요.

秦奋 : 여보세요!

笑笑 : 어제는 기분이 너무 안 좋아서 휴가 내고 항주에 머물고 있어요. 저녁에는 술을 반 병이나 마시고 겨우겨우 잠들었는데, 오늘 오전 내내 자고 일어 났더니 뭘 해야 할 지 모르겠어요. 한가하시다면 나오셔서 저랑 얘기나 좀 나누시죠.

秦奋 : 얘기하는 거야 일도 아닌데, 오후에 구혼광고 건으로 선을 보기로 돼있거든요.

笑笑 : 구혼하러 항저우까지 왔단 말이에요? 그물을 엄청 쳐 놓으셨군요.

秦奋 : 결과가 어떻게 되던지 간에 일단 해봐야 하는 법, 천 명을 잘못 죽였다 하더라도, 단 하나라도 놓쳐서는 안 돼는 거죠.

●●●단어

环境 [huánjìng] 몡 환경, 주위 상황, 조건
请假 [qǐngjià] 동 (휴가, 조퇴, 외출, 결근, 결석 등의 허락을) 신청하다
勉强 [miǎnqiǎng] 혱 간신히(가까스로, 억지로) ~하다
干吗 [gànmá] 뭐해? 무엇을 하는가?
闲着 [xiánzhe] 동 빈둥거리다
聊天 [liáotiān] 동 한담하다, 잡담을 하다
撒网 [sāwǎng] 동 그물을 치(고 고기를 잡)다, 그물을 놓다, 함정을 파다
杆子 [gānzi] 막대기, 장대
宁可 [nìngkě] 뷔 차라리 ~할지언정, 설령 ~할지라도(주로 '决不', '也不'와 호응.
错 [cuò] 혱몡 틀리다, 맞지 않다, 착오, 잘못
绝不 [juébù] 뷔 결코 ~이 아니다, 조금도(추호도) ~이 아니다

●●●설명

○睡得着 : 결과보어식 '睡着'에서 변화된 가능보어식. '잠들 수 있다'.
○一上午 : '오전 내내'. '一'는 '온', '전', '모든'의 의미. 一冬 ┃ 一身的汗
○醒来 : '깨어나다'. 동작의 결과를 나타내는 결과보어식.
○放过 : '过'의 독음은 경성이 아니라 [fàngguò].
 '놓아주다', '용서하다', '더이상 추궁하지 않다', '(기회를) 놓치다'.
○有枣没枣打一杆子 : '대추가 있는 지 없는 지는 일단 장대로 한 번 쳐봐야 안다.'

笑笑：反正我也没事。你就带上我，帮你把把关吧。

Fǎnzhèng wǒ yě méi shì。Nǐ jiù dàishang wǒ, bāng nǐ bǎbǎguān ba。

秦奋：那我怎么跟人介绍你啊？ 说咱俩也谈过，你没看上我。

Nà wǒ zěnme gēn rén jièshào nǐ a？ Shuō zán liǎ yě tánguo, nǐ méi kànshang wǒ。

笑笑：就说酒友呗! 其实你也不用介绍我。

Jiù shuō jiǔyǒu bei! Qíshí nǐ yě bú yòng jièshào wǒ。

我在旁边喝茶。等你完事了给你参谋参谋。

Wǒ zài pángbiān hē chá。Děng nǐ wán shìr le gěi nǐ cānmóu cānmóu。

不给你添乱。

Bù gěi nǐ tiānluàn。

秦奋：也行! 可是我丑话说前面啊。

Yě xíng! Kěshì wǒ chǒuhuà shuō qiánmian a。

万一我要是看见合适的了，就像你说的那种气味相投的，我可就顾不上你了。

Wànyī wǒ yàoshi kànjiàn héshì de le, jiù xiàng nǐ shuō de nà zhǒng qìwèixiāngtóu de, wǒ kě jiù gùbushàng nǐ le。

到时候你可别觉得我重色轻友。

Dào shíhou nǐ kě bié juéde wǒ zhòngsè qīngyǒu。

笑笑：你放心!

Nǐ fàngxīn!

要真是那样的话，我为你高兴还来不及呢。

Yào zhēn shì nàyàng de huà, wǒ wèi nǐ gāoxìng hái láibují ne。

就这样!

Jiù zhèyàng!

秦奋：姑娘! 姑娘! 这房子到底多少钱呢？

Gūniang! Gūniang! Zhè fángzi dàodǐ duōshǎo qián ne？

笑笑 : 아무튼 저도 할 일이 없거든요. 저를 데리고 가서 당신이나 지키게 해줘요.

秦奋 : 그럼 내가 당신을 어떻게 소개하죠? 우리 둘도 선 봤던 사이인데, 내가 차였다고 할까요?

笑笑 : 그냥 술친구라 그러죠 뭐! 사실 저를 소개할 필요도 없잖아요. 제가 그냥 옆에서 차나 마시다가, 볼일 다 보시면 조언이나 좀 해드리죠 뭐. 훼방 같은 건 절대 안 놓을게요.

秦奋 : 그것도 괜찮겠네요. 그런데 이거 하나는 미리 말하고 가야겠어요. 만일 제가 마음에 쏙 드는 여자를 만난다면, 당신이 말한 것처럼 한 눈에 뻑가는 그런 여자요. 그럼 당신같은 사람은 안중에도 없게 될 테니까. 그 때 가서 저를 여자나 밝히고 친구를 무시하는 그런 사람으로 보면 안 돼요.

笑笑 : 걱정 붙들어 매세요! 정말로 그렇게 된다면 제가 더 기뻐할 테니까요. 그럼, 이만!

秦奋 : 아가씨, 아가씨! 이 집 값이 도대체 얼마라구요?

●●● 단어

把关 [bǎguān] 동 관문을 지키다, 책임을 지다, 엄격히 심사하다

介绍 [jièshào] 동 소개하다, 설명하다, 안내하다

参谋 [cānmóu] 명동 참모, 조언하다, 권하다, 훈수하다, 의견을 제시하다

添乱 [tiānluàn] 동 폐를 끼치다, 번거롭게 하다, 성가시게 하다

丑话 [chǒuhuà] 명 저속한 말, 상스러운 말, 추잡한 말, 너저분한 말, 뼈 있는 말, 단도직입적인 말, 꾸밈없이 솔직한 말

万一 [wànyī] 접 만일, 만약, 만에 하나, 혹시라도

为 [wèi] 전 ~에 대해서, ~을 향하여

姑娘 [gūniang] 명 처녀, 아가씨, 딸

●●● 설명

○顾不上 : '돌볼 틈이 없다', '생각도 할 수 없다'. '~不上'은 '~못하다'. (동사 뒤에서 보어로 쓰여 어떤 것을 할 수 없음을 표시함)

○重色轻友 : '重色(V+O)'와 '轻友(V+O)'가 병렬구조로 연결되어 어구를 이룸.

○来不及 : '(시간이 부족하여) 손쓸 틈이 없다', '생각할 겨를이 없다', '따라가지 못하다', '제 시간에 댈 수 없다'. ↔ 来得及, 赶得及

23

笑笑：你忙你的!

Nǐ máng nǐ de!

秦奋：你好像不是本地人吧。

Nǐ hǎoxiàng bú shì běndìrén ba。

求婚女：我是台湾人。我爸爸在杭州开工厂，所以我们暂时住在杭州。

Wǒ shì Táiwānrén。Wǒ bàba zài Hángzhōu kāi gōngchǎng, suǒyǐ wǒmen zànshí

zhù zài Hángzhōu。

秦奋：去过北京吗？

Qùguo Běijīng ma?

求婚女：当然去过啊!

Dāngrán qùguo a!

秦奋：北京、杭州你更喜欢哪里啊？

Běijīng、Hángzhōu nǐ gèng xǐhuan nǎ lǐ a？

求婚女：这个问题有点难。如果是讲居住环境啊，天气气候的话那当然是杭州。

Zhè ge wèntí yǒudiǎnr nán。Rúguǒ shì jiǎng jūzhù huánjìng a, tiānqì qìhòu de

huà nà dāngrán shì Hángzhōu。

23

笑笑 : 볼일 보세요!

秦奋 : 본토박이가 아니신 것 같은데요.

求婚女 : 저는 대만사람이에요. 아버지가 항주에서 공장을 하셔서 저도 여기 잠시 머물고 있죠.

秦奋 : 베이징은 가 보셨구요?

求婚女 : 그럼요, 가 봤죠!

秦奋 : 베이징과 항저우 중에서 어느 쪽을 더 좋아하시죠?

求婚女 : 조금 어려운 문제네요. 주거환경이라든가 날씨를 보자면 당연히 항저우가 좋구요.

● ● ● 단어

忙 [máng] 형동 바쁘다, 서두르다, 서둘러 ~하다
本地人 [běndìrén] 명 본고장 사람
台湾 [Táiwān] 고 타이완, 대만
暂时 [zànshí] 명 잠깐, 잠시, 일시
讲 [jiǎng] 동 중시하다, 주의하다, 신경을 쓰다, 고려하다, 추구하다
居住 [jūzhù] 동 거주하다
气候 [qìhòu] 명 기후, 결과, 성과, 성취

● ● ● 설명

○ 你忙你的 : = 你忙你的去吧 (어서 가서 당신의 일을 보십시오)
○ 吧 : '吧'는 '명령', '권유', '동의', '추측'의 의미. 여기서는 '추측'.
○ 有点 : '조금', '약간'. (주로 여의치 않은 일을 말할 때 쓰임)
　　　　今天他有点(儿)不高兴 ｜ 我有点(儿)害怕 ｜ 今天有点(儿)热
○ ~的话 : '~하다면', '~이면'. (가정을 나타내는 '要是' 등과 같은 접속사가 있으면 '的话'는 있어도 되고 없어도 됨)

可是我也蛮喜欢北京人的。我爷爷就是北京人啊。

Kěshì wǒ yě mán xǐhuan Běijīngrén de。Wǒ yéye jiù shì Běijīngrén a。

我最喜欢听他讲话了。"这是怎么回儿事儿？"

Wǒ zuì xǐhuan tīng tā jiǎnghuà le。"Zhè shì zěnme huír shìr ?"

秦奋："回"不加儿音，"事"加儿音。怎么回事儿？

"Huí" bù jiā éryīn, "shì" jiā éryīn 。 Zěnme huí shìr?

求婚女：怎么回事儿？

Zěnme huí shìr?

笑笑：怎么回事儿？

Zěnme huí shìr?

求婚女：然后，后来我爷爷就是因为大陆沦陷，就跟着国军撤退去台湾。

Ránhòu, hòulái wǒ yéye jiù shì yīnwèi dàlù lúnxiàn, jiù gēnzhe guójūn chètuì qù

Táiwān。

秦奋：等会儿! 等会儿! 我们叫解放，你们叫沦陷。

Děng huìr! Děng huìr! Wǒmen jiào jiěfàng, nǐmen jiào lúnxiàn。

我们叫解放。

Wǒmen jiào jiěfàng。

求婚女：解放？什么叫解放啊？

Jiěfàng? Shénme jiào jiěfàng a ?

秦奋：解放!

Jiěfàng!

求婚女：我明白的。解放跟沦陷，只是角度上的说法不同而已。

Wǒ míngbai de。Jiěfàng gēn lúnxiàn, zhǐ shì jiǎodù shàng de shuōfǎ bù tóng éryǐ。

秦奋：嗯，对对对对! 我们可以求同存异。

Ēn, duì duì duì duì! Wǒmen kěyǐ qiútóngcúnyì。

그렇지만 저는 베이징사람을 아주 좋아해요. 우리 할아버지께서 바로 베이징 출신이시거든요. 저는 할아버지 말투를 너무 좋아해요. "이게 얼~찌된 영문이 랴?"

秦奋 : '回'에는 '얼'음을 넣지 않고, '事'에다 넣는 거에요. "어찌된 영문이랴?"

求婚女 : 어찌된 영문이랴?

笑笑 : (어찌된 영문이랴~?)

求婚女 : 그래서 나중에 우리 할아버지는 대륙이 함락되던 시점에 국민당 군대를 따라 서 타이완으로 퇴각을 한 거에요.

秦奋 : 잠깐만요! 잠깐만요! 우린 그걸 '해방'이라 하지 '함락'이란 말은 안 쓰거든요. 우린 '해방'이라 부릅니다.

求婚女 : 해방? 해방이 뭔데요?

秦奋 : 해방!

求婚女 : 알았어요. 해방과 점령은 단지 보는 각도에 따라 다른 것일 뿐이에요.

秦奋 : 음! 맞아요, 맞아! 서로 통하는 부분부터 얘기하시죠.

●●● 단어

蛮 [mán] ㉖ 매우, 아주, 대단히
回 [huí] ㉝ 가지, 종류 (일·사건에 쓰임)
沦陷 [lúnxiàn] ㉗ (영토가) 적에게 함락되다, 물에 잠기다, 침몰하다
国军 [guójūn] ㉙ 국군 (국민당 정부가 자신의 군대를 자칭하던 말)
撤退 [chètuì] ㉗ (군대가) 철수하다, 퇴각하다, (어떤 곳에서) 떠나다, 물러가다
解放 [jiěfàng] ㉗ 해방하다, 속박에서 벗어나다, 자유롭게 하다
而已 [éryǐ] ㉘ ~뿐이다 如此而已 [rúcǐéryǐ]: 이와 같을 뿐이다
求同存异 [qiútóngcúnyì] [성어] 이견은 미뤄 두고 의견을 같이 하는 부분부터 협력하다

●●● 설명

○ 儿音 : '儿化음'. 儿化[érhuà]는 중국 베이징을 비롯한 북방방언지역의 음운적 특성을 잘 보여 주는 예이다. 접미사 '儿'이 앞 음절과 결합하면서 앞 음절의 운모를 권설운모가 되도록 변화시키는 것이다.   玩儿 [wánr] │ 花儿 [huār]

求婚女：就是啊。有些普遍的价值观是被大家认同的。

Jiù shì a。Yoǔ xie pǔbiàn de jiàzhíguān shì bèi dàjiā rèntóng de。

好像慈悲就要有仁爱之心啊。

Hǎoxiàng cíbēi jiù yào yǒu rénài zhī xīn a。

秦奋：你像这次大地震，台湾各界都踊跃在那儿捐款，大陆人民还是很感动的。

Nǐ xiàng zhè cì dàdìzhèn, Táiwān gè jiè dōu yǒngyuè zài nàr juānkuǎn, dàlù rénmín hái shì hěn gǎndòng de。

求婚女：我爸爸的企业也有捐款。

Wǒ bàba de qǐyè yě yǒu juānkuǎn。

我们其实看到同胞这样受难，大家都很心痛。

Wǒmen qíshí kàndào tóngbāo zhèyàng shòunàn, dàjiā dōu hěn xīntòng。

秦奋：尤其是那些失去父母的孤儿，真是可怜。

Yóuqí shì nà xie shīqù fùmǔ de gūér, zhēn shì kělián。

我在新闻里看到一母亲，临死前还在给孩子喂奶。

Wǒ zài xīnwén lǐ kàndào yì mǔqīn, línsǐ qián hái zài gěi háizi wèinǎi。

人都咽气了还在哺育。母性真是伟大。

Rén dōu yànqì le hái zài bǔyù。Mǔxìng zhēn shì wěidà。

求婚女：做母亲是可以为孩子牺牲一切的。

Zuò mǔqīn shì kěyǐ wèi háizi xīshēng yíqiè de。

秦奋：爸爸也行。甭说是亲生的。就那些孤儿，我都想申请领养了。

Bàba yě xíng。Béng shuō shì qīnshēng de。Jiù nà xie gūér, wǒ dōu xiǎng shēnqǐng lǐngyǎng le。

求婚女：你真的对孩子这么有爱心吗？

Nǐ zhēnde duì háizi zhème yǒu àixīn ma?

求婚女：그러게 말이에요. 보편적인 가치관은 모두에게 인정받잖아요. 자비심에는 사
랑의 마음이 있어야 하는 것과 같아요.

秦奋：이번 쓰촨 대지진 때만 해도 타이완 각계에서 앞다투어 성금을 냈잖아요. 대륙의
인민들이 꽤 감동을 받았었어요.

求婚女：저희 아빠 회사에서도 성금을 냈죠.
동포가 어려움을 겪는 걸 본다는 게 얼마나 가슴아픈 일인지...

秦奋：특히 부모를 잃은 고아들은 정말 불쌍했어요. 뉴스에서 보니까 한 엄마가 죽기
전까지 아기한테 젖을 물리는데, 숨이 끊어지는 순간까지도 젖을 물리는 걸 보니
모성은 정말 위대하더라구요.

求婚女：어머니라면 아이를 위해서 모든 걸 희생할 수 있어요.

秦奋：아버지도 마찬가지에요. 친자식은 말할 것도 없고, 그런 고아들이라면 당장 입양
신청까지도 생각할 정도니까요.

求婚女：아이들을 그렇게 사랑하는 마음이 정말로 있으세요?

●●● 단어

认同 [rèntóng] 동 인정하다, 승인하다, 동의하다, 동일시하다
慈悲 [cíbēi] 명동 자비(를 베풀다)
仁爱 [rén'ài] 명 자애로운 마음, 어진 마음
踊跃 [yǒngyuè] 동형 펄쩍 뛰어오르다, 껑충껑충 뛰다, 열렬하다, 적극적이다
捐款 [juānkuǎn] 동명 돈을 기부하다, 헌금하다, 헌납하다, 부조하다, 기부금, 헌금
同胞 [tóngbāo] 명 동포, 겨레, 한 민족
受难 [shòunàn] 동 재난을 당하다, 어려움을 당하다, 수난을 겪다
可怜 [kělián] 형 가련하다, 불쌍하다
临死 [línsǐ] 동 죽음에 이르다, 죽을 때가 가깝다(되다), 곧 죽게 되다
喂奶 [wèinǎi] 동 젖을(우유를) 먹이다
咽气 [yànqì] 동 숨을 거두다, 죽다
牺牲 [xīshēng] 동 (무엇을 위해) 대가를 치르다, 희생하다, 손해를 보다
领养 [lǐngyǎng] 동 입양하다, 부양하다, 양자(양녀)로 삼다

●●● 설명

◦踊跃在那儿捐款 : 형용사 '踊跃'가 부사어로 사용되어 후면의 동사 '捐款'을 수식해 줌.

秦奋：有啊！你要是孤儿，我也可以领养。

Yǒu a! Nǐ yàoshi gūér, wǒ yě kěyǐ lǐngyǎng。

求婚女：您真是贵人多忘事。我刚不是跟您说过我爸爸在杭州开工厂的吗？

Nín zhēn shì guìrénduōwàngshì。Wǒ gāng bú shì gēn nín shuōguo wǒ bàba zài Hángzhōu kāi gōngchǎng de ma?

不过你不要失望。我肚子里面也有一个。你可以当他的爸爸。

Búguò nǐ bú yào shīwàng。Wǒ dùzi lǐmiàn yě yǒu yí ge。Nǐ kěyǐ dāng tā de bàba。

秦奋：你不是没结婚吗？

Nǐ bú shì méi jiéhūn ma?

求婚女：没有。可是，我怀孕了。

Méiyǒu。Kěshì, wǒ huáiyūn le。

秦奋：谁的呀？

Shéi de ya?

求婚女：那个男人我不想提。他都不要肚子里面的'Baby'了。

Nà ge nánrén wǒ bù xiǎng tí。Tā dōu bú yào dùzi lǐmiàn de 'Baby' le。

我不想小孩出生以后没有爸爸。

Wǒ bù xiǎng xiǎohái chūshēng yǐhòu méi yǒu bàba。

所以我想替他找一个有爱心的爸爸。

Suǒyǐ wǒ xiǎng tì tā zhǎo yí ge yǒu àixīn de bàba。

我觉得您蛮适合的。

Wǒ juéde nín mán shìhé de。

秦奋：这个嘛...

Zhè ge ma...

求婚女：你觉得我怎么样啊？

Nǐ juéde wǒ zěnmeyàng a?

秦奋：你，我是蛮中意的。可要是...

Nǐ, wǒ shì mán zhòngyì de。Kě yàoshi......

秦奋 : 그럼요! 당신이 고아라면 제가 입양하겠는걸요.

求婚女 : 정말 깜빡 하셨나보네요. 아버지가 여기 항저우에서 공장을 하신다고 좀 전에 말씀 드리지 않았나요? 그렇지만 너무 실망은 마세요. 제 뱃 속에도 하나가 있으니까요. 이 아이의 아빠가 되실 수 있어요.

秦奋 : 결혼 안 하셨다면서요?

求婚女 : 안 했어요. 하지만 임신은 했는걸요.

秦奋 : 누구 아이인데요?

求婚女 : 그 남자 얘기는 하고 싶지 않아요. 뱃 속의 아기를 원치 않았으니까요. 저는 아빠 없는 아이는 만들고 싶지 않아요. 그래서 그를 대신해 줄 애정이 있는 아빠를 찾고싶어요. 그 쪽 정도면 꼭 맞을 것 같아요.

秦奋 : 이건 좀....

求婚女 : 제 인상이 어땠어요?

秦奋 : 당신이야 마음에 꼭 듭니다만, 하지만 그게......

●●● 단어

失望 [shīwàng] 图형 실망하다, 희망을 잃다, (희망이 이루어지지 않아) 낙담하다
怀孕 [huáiyùn] 图 임신하다
替 [tì] 전图 을(를) 위하여, ~때문에 (행위의 대상을 나타냄), 대신하다, 대체하다
适合 [shìhé] 图 적합하다, 부합하다, 알맞다, 적절하다, 어울리다
中意 [zhòngyì] 图 만족하다, 마음에 들다

●●● 설명

○ 贵人多忘事 : [성어] '지위가 높은 사람은 잘 잊어버린다'.
　　　　　　건망증이 심한 사람을 조소하여 이르는 말.
○ 我刚不是跟您说过我爸爸在杭州开工厂的吗？: '不是~~的吗？' 안에 동사절 '跟您说过我
　　　爸爸在杭州开工厂'을 담고 있음. '我爸爸在杭州开工厂'은 다시 동사구 '说过'
　　　의 목적절이 되는 구조임.
○ 我是蛮中意的 : '是+VP+的'형식의 강조구문.

求婚女：你不是说你不在乎是不是亲生的吗？

Nǐ bú shì shuō nǐ bú zàihu shì bu shì qīnshēng de ma?

如果我们都不讲，小孩子一出生就看到你。

Rúguǒ wǒmen dōu bù jiǎng, xiǎoháizi yì chūshēng jiù kàndào nǐ.

他应该那不就等于是亲生的吗？

Tā yīnggāi nà bú jiù děngyú shì qīngshēng de ma?

秦奋：孤儿我是可以认可的。父母双全就是另一回事了。

Gūér wǒ shì kěyǐ rènkě de。Fùmǔ shuāngquán jiù shì lìng yì huí shì le。

宝马车头上插一奔驰的标，这恐怕不太合适吧。

Bǎomǎ chētóu shàng chā yì bēnchí de biāo, zhè kǒngpà bú tài héshì ba。

求婚女：能开不就行了吗？

Néng kāi bú jiù xíng le ma?

秦奋：可要是出了故障，奔驰的零件配不上，宝马又不管修。

Kě yàoshi chū le gùzhàng, bēnchí de língjiàn pèibushàng, bǎomǎ yòu bù guǎn xiū。

要不我还是算了。承蒙你看得上我，要不你再找找别人。我就忍痛割爱了。

Yàobù wǒ háishi suàn le。Chéngméng nǐ kàndeshàng wǒ, yàobù nǐ zài zhǎozhǎo biérén。Wǒ jiù rěntònggē'ài le。

求婚女 : 친자식인지 아닌지 핏줄 같은 건 별로 신경쓰지 않는다면서요?
　　　　 우리 둘 다 말하지만 않는다면, 아이는 태어나자마자 당신을 보게 될 거에요.
　　　　 그러면 아이는 친생자나 다름없는 거 아니에요?

秦奋 : 고아라면 받아들일 수 있어요. 부모가 두 분 모두 계시는 것은 또한 별개의 문제
　　　 구요. BMW에다가 벤츠 마크를 꽂으면 어울리지 않잖아요.

求婚女 : 굴러만 가면 그만이지 뭘 그래요?

秦奋 : 그렇지만 고장이라도 나면 벤츠 부속은 맞지를 않고, BMW측은 고쳐 주질 않을
　　　 거에요. 그렇지 않으면 그냥 관두는 게 낫겠어요. 저를 마음에 들어 해주신 건
　　　 황송하지만, 다른 사람을 찾아보시는 게 좋겠어요. 저는 눈물을 삼키며 자리를
　　　 접으렵니다.

●●● 단어

亲生 [qīnshēng] 형동 자신이 낳은, 자신을 낳은, 자신이 낳다, 직접 낳다
等于 [děngyú] 동 ~이나 다름없다, ~와 마찬가지이다, 와(과) 같다, 맞먹다
认可 [rènkě] 동 승낙하다, 인가하다, 허락하다
双全 [shuāngquán] 동 양쪽을 다 갖추다, 겸비하다
宝马 [bǎomǎ] 고 BMW
插 [chā] 동 끼우다, 꽂다, 삽입하다
奔驰 [bēnchí] 고동 벤츠(Mercedes-Benz), (차나 말 등이) 질주하다, 폭주하다
标 [biāo] 명 표지, 기호, 부호
恐怕 [kǒngpà] 부 아마 ~일 것이다(추측과 짐작을 나타냄), 대체로, 대략
故障 [gùzhàng] 명 (기계 따위의) 고장
零件 [língjiàn] 명 부속품
承蒙 [chéngméng] 동 (보살핌을) 받다, 입다 (인사말에 쓰임)
忍痛割爱 [rěntònggē'ài] [성어] 고통을 참고 애지중지하는 물건을 포기하다

●●● 설명

◦ 出故障 : '고장이 나다'.
◦ 配不上 : '配上'의 가능보어식 부정형. '맞출 수 없다', '어울리지 않는다'.
◦ 不管 : '管'은 동 '관계(간섭, 상관)하지 않다', 접 '~에 관계 없이', '~을 막론하고'
◦ 看得上 : '看上'의 가능보어식 긍정형. '마음에 들다', '좋아하다'.

笑笑：多好的事啊! 你怎么这么没有爱心啊？

Duō hǎo de shìr a! Nǐ zěnme zhème méi yoǔ àixīn a?

我觉得挺合适的。你看，人又长得漂亮，家里又有钱，还能白落一儿子。

Wǒ juéde tǐng héshì de。 Nǐ kàn, rén yòu zhǎngde piàoliang, jiā lǐ yòu yoǔ qián,

hái néng bái lào yì érzi。

说实话就你这条件，你算是中头彩了。

Shuō shíhuà jiù nǐ zhè tiáojiàn, nǐ suàn shì zhòng tóucǎi le。

秦奋：别的事我可以不劳而获。

Biéde shì wǒ kěyǐ bù láo ér huò。

娶媳妇生孩子这事，我还是想自力更生，不接受外援。

Qǔ xífù shēng háizi zhè shì, wǒ háishi xiǎng zìlìgēngshēng, bù jiēshòu wàiyuán。

我觉着，征婚这事对我来说，是挺不靠谱一事儿。

Wǒ juézhe, zhēnghūn zhè shì duì wǒ láishuō, shì tǐng bú kàopǔ yí shìr。

歪瓜裂枣的咱看不上，但凡长得有模样看着顺眼的，不是性冷淡就是身怀鬼胎。

Wāiguālièzǎo de zán kànbushàng, dàn fán zhǎngde yoǔ múyàng kànzhe shùnyǎn

de, bú shì xìng lěngdàn jiù shì shēnhuái guǐtāi。

笑笑 : 얼마나 좋은 일이에요! 어쩌면 이렇게도 정이 없으실까? 내가 보기엔 딱 좋은데
　　　요. 보세요, 사람 예쁘죠, 집에 돈 많죠, 게다가 공짜로 아들 하나까지 떨어지는데.
　　　솔직히 말해서 당신에게 이런 조건은 복권 맞은 거나 다름 없다구요.
秦奋 : 다른 일이라면 불로소득을 얻을 수도 있지만, 마누라 얻어 애 낳는 일 만큼은
　　　자력갱생할 참이었지 원조 같은 건 받을 수 없거든요. 구혼광고라는 게 나한테는
　　　진짜 안 맞는 일 같아요. 못생긴 여자는 눈에 안 차고, 그나마 예뻐서 마음에
　　　드는 여자는 성 무관심자거나 임신해서 음흉한 생각을 갖고 있거나 하니 말이죠.

●●● 단어

爱心 [àixīn] 圐 (인간이나 환경에 대한) 관심과 사랑, 사랑하는 마음, 恻隐之心
白 [bái] 囲 거저, 무료로, 헛되이, 쓸데없이, 공연히
落 [lào] 통 귀속되다, 획득하다, (물체가 높은 곳에서) 떨어지다, 내리다, 머무르다
实话 [shíhuà] 圐 실화, 참말, 솔직한 말
中 [zhòng] 통 맞추다, 들어맞다, 합격하다, 명중하다
头彩 [tóucǎi] 圐 (도박·게임 등의) 1등 추첨, 1등상
不劳而获 [bùláo'érhuò] [성어] 스스로 일하지 않고 불로소득을 올리다
自力更生 [zìlìgēngshēng] [성어] 자력갱생하다
外援 [wàiyuán] 외국(외부)의 원조(도움)
歪瓜裂枣 [wāiguālièzǎo] [성어] '꼬부라진 박과 터진 대추'. 어떤 사람이나 물건의 생김새가 보기
　　　　　　　　　좋지 않은 것을 비유함.
凡 [fán] 囲 무릇, 대저, 대체로, 다, 모든, 모두 다
模样 [múyàng] 圐 모양, 모습, 형상
顺眼 [shùnyǎn] 혱 마음에 들다, 보기에 좋다, 눈에 거슬리지 않다
性冷淡 [xìnglěngdàn] 통 성행위에 대해 무관심하다, 성에 관심이 없다
身怀 [shēnhuái] 통 임신하다, 품다, 몸에 지니다
鬼胎 [guǐtāi] 圐 음흉한 생각

●●● 설명

○白 : 囲 1. 거저, 무료로 '白看电影'　2. 헛되이 '白跑了一趟'
○不是~, 就是~ : '~이거나, 아니면 ~이다'

心理健康、历史清白的姑娘都哪儿去了？

Xīnlǐ jiànkāng、lìshǐ qīngbái de gūniang dōu nǎr qù le?

我怎么一个都碰不上啊？

Wǒ zěnme yí ge dōu pèngbushàng a?

笑笑：你别拐着弯儿骂人啊。谁心理不健康啦？

Nǐ bié guǎizhe wānr màrén a。Shéi xīnlǐ bú jiànkāng la?

你就历史清白吗？

Nǐ jiù lìshǐ qīngbái ma?

秦奋：我没说你。你不算长得顺眼的。

Wǒ méi shuō nǐ。Nǐ bú suàn zhǎngde shùnyǎn de。

用顺眼这词儿就低估你啦。

Yòng shùnyǎn zhè cír jiù dīgū nǐ la。

你得算是秀色可餐，人潮中惊鸿一瞥，嫁到皇室去都不输给戴安娜的那种。

Nǐ děi suàn shì xiùsèkěcān, réncháo zhōng jīnghóng yìpiē, jiàdào huángshì qù dōu bù shū gěi Dài`ānnà de nà zhǒng。

마음이 건강하고, 과거가 깨끗한 아가씨들은 모두 어디로 가버렸담?
나는 어찌 한 사람도 못 만난단 말인가?

笑笑 : 괜히 돌려서 욕하지 마세요. 누가 마음이 건강하지 않아요?
당신은 과거가 깨끗하신가요?

秦奋 : 당신을 말하는 게 아니에요. 당신은 보기좋게 생긴 게 아니잖아요. '보기 좋다'는 말로는 당신을 과소평가하는 셈이지요. 당신은 그야말로 완벽한 아름다움 그 자체라구요. 군계일학이라 할 수 있으니 영국 황실로 시집가도 다이애나妃에게 꿀리지 않을 거에요.

●●● 단어

拐弯 [guǎiwān] [동] 굽이(커브)를 돌다, 방향을 틀다, (생각 · 말 따위의) 방향을 바꾸다, 돌려서 말하다
骂人 [màrén] [동] 남을 욕하다, 매도하다, 모욕하다
低估 [dīgū] [동] 과소 평가하다, 낮게 평가하다, 얕잡아 보다
秀色可餐 [xiùsèkěcān] [성어] 여자의 용모나 자태가 매우 아름답다, 경치가 매우 수려하다
人潮 [réncháo] [명] 인파
惊鸿 [jīnghóng] [명] 놀라 날아오르는 기러기, 자태가 날아갈 듯한 미인
一瞥 [yìpiē] [동] 한 번 흘끗 보다, 아주 짧은 시간, 눈 깜짝할 사이, 순식간
嫁 [jià] [동] 시집가다, 출가하다
输 [shū] [동] 패하다, 지다, 잃다
戴安娜 [Dài`ānnà] [고] 영국 다이애나 황태자妃

●●● 설명

○ 历史清白 : '과거가 깨끗하다'
○ 碰不上 : '마주치지 못 하다', '못 만나다'. 'V不上'은 '어떤 것을 할 수 없음'을 표시함.
○ 拐着弯儿 : '빙빙 돌려서'

有的人是情人眼里才是西施。

Yǒu de rén shì qíngrén yǎn lǐ cái shì Xīshī。

不过分的说，仇人眼里你都是西施。

Bú guòfèn de shuō, chóurén yǎn lǐ nǐ dōu shì Xīshī。

别绷着了。笑出来吧!

Bié běngzhe le。Xiàochulaí ba!

笑笑：跟你说点正事啊。我陪你约会了。

Gēn nǐ shuō diǎn zhèngshì a。Wǒ péi nǐ yuēhuì le。

你能不能也陪我见个人啊。

Nǐ néng bu néng yě péi wǒ jiàn ge rén a。

秦奋：我没约你啊。是你自己非要来的。

Wǒ méi yuē nǐ a。Shì nǐ zìjǐ fēiyào lái de。

笑笑：你去不去？

Nǐ qù bú qù?

秦奋：不去。

Bú qù。

笑笑：我再问你一次，你去不去？

Wǒ zài wèn nǐ yí cì, nǐ qù bú qù?

秦奋：不去!

Bú qù!

笑笑：行。再见!

Xíng。Zàijiàn!

어떤 사람들은 애인의 눈 속에서나 비로소 서시로 보이지만, 과장하는 게 아니라 당신은 원수의 눈 속에서도 서시라니까요. 참지 말고 그냥 웃으세요!

笑笑 : 본론을 좀 얘기할게요. 제가 당신 선 보는 자리에 있어 줬으니까, 그 쪽도 나를 도와서 사람 좀 만나주지 않으실래요?

秦奋 : 저는 나와 달라고 한 적 없거든요. 당신이 부득불 나왔던 거지요.

笑笑 : 갈 거에요, 안 갈 거에요?

秦奋 : 안 갈래요.

笑笑 : 한 번 더 물을게요. 진짜 안 가 줄 거에요?

秦奋 : 안 가요!

笑笑 : 좋아요. 잘 가세요!

●●● 단어

情人 [qíngrén] [명] 사랑하는 사람, 애인, 연인, 정부(情夫), 정부(情婦)
西施 [Xīshī] 서시. [춘추시대 월왕 구천(越王句踐)이 오왕 부차(吳王夫差)에게 바친 월나라 미인]
过分 [guòfèn] [동] 지나치다, 분에 넘치다, 과분하다
仇人 [chóurén] [명] 원수, 적
绷 [běng] [동] 억지로 버티다, 지탱하다, 참다, 안색이 굳어지다, 정색하다
正事 [zhèngshì] 본연의 일(업무), 정규(정식)의 일

●●● 설명

○ 绷着 : '着'는 동사 '绷' 뒤에서 상태의 지속을 나타냄. '绷着的脸'(정색한 얼굴)
○ 是你自己非要来的 : '是~的'강조구문.

24

笑笑：这位是秦先生。你们在飞机上已经见过面了。

Zhè wèi shì Qínxiānsheng。Nǐmen zài fēijī shàng yǐjīng jiànguo miàn le。

谢子言：幸会！请坐。

Xìnghuì! Qǐng zuò。

笑笑：你坐这儿。

Nǐ zuò zhèr。

谢子言：不好意思。我们有点事情要谈。

Bù hǎo yìsi。Wǒmen yǒu diǎn shìqing yào tán。

小姐：好的。

Hǎo de。

谢子言：谢谢啊。

Xièxie a。

笑笑：我跟秦先生原本就认识，不过只是一般朋友。

Wǒ gēn Qínxiānsheng yuánběn jiù rènshi, búguò zhǐ shì yìbān péngyou。

这次在飞机上又遇上了。

Zhè cì zài fēijī shàng yòu yùshang le。

不知道为什么特别有好感，算是二见钟情吧。

Bù zhīdao wèishénme tèbié yǒu hǎogǎn, suànshì èr jiàn zhōngqíng ba。

下了飞机之后秦先生给我打了个电话，希望我能在杭州多留两天，加深彼此了解。

Xià le fēijī zhī hòu Qínxiānsheng gěi wǒ dǎ le ge diànhuà, xīwàng wǒ néng zài Hángzhōu duō liú liǎng tiān, jiāshēn bǐcǐ liǎojiě。

所以这两天我们一直都在一起。

Suǒyǐ zhè liǎng tiān wǒmen yìzhí dōu zài yìqǐ。

我们都觉得自己很幸运，没有错过对方。

Wǒmen dōu juéde zìjǐ hěn xìngyùn, méiyǒu cuòguò duìfāng。

24

笑笑 : 이 분은 진선생님이세요. 두 분은 비행기에서 이미 만나신 적이 있죠.

谢子言 : 반갑습니다! 앉으시죠.

笑笑 : 여기 앉으세요.

谢子言 : 미안해요. 우린 좀 할 얘기가 있어서.

小姐 : 알겠습니다.

谢子言 : 고마워요.

笑笑 : 친선생님이랑은 원래부터 알던 사이에요. 그냥 일반적인 친구 사이였는데, 이번에 비행기에서 우연히 만나면서 왠지 모를 호감 같은 걸 갖게 되었어요. 보다보니 반했다고 하는 게 맞겠네요. 비행기에서 내린 뒤로 친선생님이 저에게 전화를 하셨어요. 항저우에 며칠 더 머무르면서 서로 간에 좀 더 이해하는 시간을 갖기를 원하셨어요.

그래서 우린 요며칠 계속 함께 있었어요. 우린 둘 다 모두 행운이라 생각하고 있고, 그래서 상대를 놓치지 않았어요.

••• 단어

原本 [yuánběn] [부] 원래, 본래 =本来, 原来
好感 [hǎogǎn] [명] 호감, 좋은 감정
加深 [jiāshēn] [동] 깊어지다, 깊게 하다, 심화하다
了解 [liǎojiě] [동] 자세하게 알다, 이해하다, 조사하다, 알아 내다, 알아보다
幸运 [xìngyùn] [형][명] 운이 좋다, 행운이다, 행운
错过 [cuòguò] [동][명] (시기나 대상을) 놓치다, 엇갈리다, 잘못, 과실, 실책
对方 [duìfāng] [명] (주체측에서 본) 상대방, 상대편

••• 설명

◦ 见过面 : '见面'이 이합사(離合詞)이므로 동태조사 '过'가 중간에 삽입된 형태.
◦ 二见钟情 : '一见钟情'(첫 눈에 반하다)에 빗대어 상대적으로 이르는 말.
◦ 遇上 : '만나다', '마주치다'. '上'은 결과보어로서 '遇'의 결과를 표현함.

你是我最亲的人，所以我把他带来。

Nǐ shì wǒ zuì qīn de rén, suǒyǐ wǒ bǎ tā dàilái.

让你们两个正式认识一下。

Ràng nǐmen liǎng ge zhèngshì rènshi yí xià.

算是对你有个交代。

Suàn shì duì nǐ yǒu ge jiāodài.

你不想祝福一下我们吗？

Nǐ bù xiǎng zhùfú yí xià wǒmen ma?

你不是一直都希望我有个好归宿吗？

Nǐ bú shì yìzhí dōu xīwàng wǒ yǒu ge hǎo guīsù ma?

秦奋：笑笑这几天一直聊你，说你对她特别好。

Xiàoxiao zhè jǐ tiān yìzhí liáo nǐ, shuō nǐ duì tā tèbié hǎo.

咱们也，也是有缘。正好在飞机上见过。

Zánmen yě, yě shì yǒu yuán. Zhènghǎo zài fēijī shàng jiànguo.

谢子言：你已经决定了吗？

Nǐ yǐjīng juédìng le ma?

笑笑：嗯。

Ēn.

당신은 저랑 제일 가까운 사람이니까, 그래서 이 분을 데려 왔어요. 두 분을
정식으로 소개해 드리려구요. 그래야 당신에게 보고하는 셈이 되구요. 우리 둘을
축복해주고 싶지 않나요? 당신은 늘 나에게 좋은 데로 시집가면 좋겠다고 하지
않았었나요?

秦奋 : 샤오샤오가 요며칠 간 줄곧 저에게 얘기했죠. 당신이 그녀에게 너무나 잘 해
주셨다고. 우리 둘도, 인연이 있는 셈이군요. 마침 비행기 안에서 만났으니 말입
니다.

谢子言 : 당신 이미 결정을 다 내렸다는 건가?

笑笑 : 네.

●●●단어

交代 [jiāodài] 图 (자신의 의도를) 설명하다, 알려 주다, 주문하다, 당부하다
祝福 [zhùfú] 图图 축복하다, 기원하다, 축원하다, 축복, 축하
归宿 [guīsù] 图 (사람이나 사물이) 마지막으로 의지할 곳, 귀결점, 귀착점
缘 [yuán] 图 인연, 연분(緣分)
正好 [zhènghǎo] 图图 마침, 딱맞다, 꼭 맞다

●●●설명

○我把他带来 : '带来'는 방향보어식이지만, '방향'의미 뿐 아니라 '把'자구와 결합하여 모종
의 '결과'의미도 내포하고 있음.
○让你们两个正式认识一下 : '让+N+V一下' 사역(使役)구문.
○你不是一直都希望我有个好归宿吗? : '不是~~吗?', '一直都希望我有个好归宿'는 '不是'의
목적절.

谢子言：秦先生！你可能也知道我和笑笑的关系。

Qínxiānsheng! Nǐ kěnéng yě zhīdao wǒ hé Xiàoxiao de guānxi。

我没你有福气，我把笑笑托付给仁兄了。

Wǒ méi nǐ yǒu fúqi, wǒ bǎ Xiàoxiao tuōfù gěi rénxiōng le。

你要善待她。她很任性被我宠坏了。

Nǐ yào shàndài tā。 Tā hěn rènxìng bèi wǒ chǒnghuài le。

希望你能包涵。如果她不开心，我也会很难过。

Xīwàng nǐ néng bāohan。 Rúguǒ tā bù kāixīn, wǒ yě huì hěn nánguò。

秦奋：这戏我演不了，别让我受罪了。

Zhè xì wǒ yǎnbuliǎo, bié ràng wǒ shòuzuì le。

我先告辞了。知道你们见面也不容易。

Wǒ xiān gàocí le。 Zhīdao nǐmen jiànmiàn yě bù róngyì。

我跟笑笑真的就是一般的朋友。

Wǒ gēn Xiàoxiao zhēnde jiù shì yìbān de péngyou。

她心里装不下别人就只有你。有福气的是你。

Tā xīn lǐ zhuāngbuxià biérén jiù zhǐ yǒu nǐ。 Yǒu fúqi de shì nǐ。

她天天为你酗酒。再这么喝下去人就废了。

Tā tiāntiān wèi nǐ xùjiǔ。 Zài zhème hēxiaqu rén jiù fèi le。

谢子言 : 친선생님! 아마 저와 샤오샤오와의 관계를 아실 겁니다. 저에겐 당신같은 복이 없으니, 샤오샤오를 맡기겠습니다. 잘 해 주셔야 합니다. 이 여자는 저 때문에 좀 제멋대로 돼어 버렸어요. 좀 너그럽게 봐 주시길 바랍니다. 만일 이 여자가 행복하지 못 하면, 저도 정말 괴로울 거에요.

秦奋 : 이런 연극 저는 못 하겠어요. 저 좀 괴롭히지 마세요. 먼저 좀 일어나겠습니다. 당신들이 만나는 것도 쉽지 않다는 건 잘 압니다. 저와 샤오샤오는 정말 그저 보통의 친구관계일 뿐이에요. 이 여자는 마음 속에 다른 사람을 담지 못해요. 그저 당신 한 분 뿐이죠. 복 있는 사람은 바로 당신이에요. 그녀는 매일 당신 때문에 술에 쩔어 살아요. 더 마시면 곧 폐인이 될 겁니다.

●●●단어

福气 [fúqi] 몡 복, 행운
托付 [tuōfù] 동 위탁하다, 부탁하다, 맡기다, 의뢰하다
仁兄 [rénxiōng] 몡 [경어] 인형, 어진 형
善待 [shàndài] 동 잘 대접하다, 우대하다
任性 [rènxìng] 혱 제멋대로 하다, 마음 내키는 대로 하다, 제 마음대로 하다
宠坏 [chǒnghuài] 동 응석둥이로 키워 버릇이 없다, 지나친 총애로 버릇이 없다
包涵 [bāohan] 동 양해하다, 용서하다
开心 [kāixīn] 혱 기쁘다, 즐겁다, 좋다, 유쾌하다
难过 [nánguò] 혱 고통스럽다, 괴롭다, 슬프다, 견디기 어렵다
戏 [xì] 몡동 연극, 극, 놀다, 장난치다, 유희하다
受罪 [shòuzuì] 동 고생하다, 고난을 당하다, 혼나다, 시달리다, 학대받다
告辞 [gàocí] 동 이별을 고하다, 하직하다, 하직을 고하다, 작별을 고하다
酗酒 [xùjiǔ] 동 무절제하게 술을 마시다, 주정하다, 취해서 함부로 행동하다
废 [fèi] 혱 쓸모 없는, 못 쓰게 된, 황폐하다, 쇠퇴하다
脆弱 [cuìruò] 혱 연약하다, 취약하다, 무르다, (체질이) 약하다
自卑 [zìbēi] 혱 스스로 남보다 못하다고 느끼다, 스스로 열등하다

●●●설명

○ 演不了 : '연기할 수 없다', '꾸며 낼 수 없다'.
○ 装不下 : '담아 낼 수 없다', '들어 갈 수 없다'.

笑笑：我实在是坚持不下去了。我很脆弱，我很自卑。

Wǒ shízài shì jiānchíbúxiàqu le。Wǒ hěn cuìruò, wǒ hěn zìbēi。

我会用我的身体、我的精神、我的全部，去做让你后悔的事。

Wǒ huì yòng wǒ de shēntǐ、wǒ de jīngshen、wǒ de quánbù, qù zuò ràng nǐ hòuhuǐ de shì。

谢子言：你不能再喝了。笑笑!

Nǐ bù néng zài hē le。Xiàoxiao!

笑笑 : 정말 더는 못 견디겠어요. 견딜 힘도 없고 너무나 비참해요. 내 남은 몸과 정신,
　　　 나의 전부를 모두 쏟아 부어서라도 당신이 후회할 일을 하고야 말 거에요.
谢子言 : 그만 마셔. 샤오샤오!

● ●●단어

废 [fèi] ⑱ 쓸모 없는, 못 쓰게 된, 황폐하다, 쇠퇴하다
脆弱 [cuìruò] ⑱ 연약하다, 취약하다, 무르다, (체질이) 약하다
自卑 [zìbēi] ⑱ 스스로 남보다 못하다고 느끼다, 스스로 열등하다

● ●●설명

○ 你不能再喝了 : '了'는 '명령' 의미의 어기조사.

25

笑笑：我没有对不起你。我怎么会舍得惩罚你？

Wǒ méiyǒu duìbuqǐ nǐ。Wǒ zěnme huì shěde chéngfá nǐ？

你说要我等你三年。我等了。你不会要我的。

Nǐ shuō yào wǒ děng nǐ sān nián。Wǒ děng le。Nǐ bú huì yào wǒ de。

但是我会好好疼你，一直到我们说好的那一天。

Dànshì wǒ huì hǎohāo téng nǐ，yìzhí dào wǒmen shuōhǎo de nà yì tiān。

我以为可以爱你一辈子的，没想到剩下的日子，已经屈指可数了。

Wǒ yǐwéi kěyǐ ài nǐ yíbèizi de，méi xiǎngdào shèngxià de rìzi，yǐjīng qūzhǐ kě shǔ le。

25

笑笑 : 당신한테 미안할 것은 없어요. 당신에게 벌을 주는 데 인색할 것도 없죠? 저더러 3년만 기다리라고 했죠. 난 3년을 기다렸어요. 당신은 나를 원치 않을 거에요.
그렇지만 난 당신만 사랑할거에요. 우리가 약속했던 그 날까지요.
저는 당신을 평생 사랑할 수 있을 거라고 생각했어요. 남아 있는 시간들이 이 손으로 꼽을 정도일 줄은 생각도 못했어요.

●●● 단어

对不起 [duìbuqǐ] [동] 미안합니다, 죄송합니다, (기대 등을) 저버리다, 헛되게 하다 ↔[对得起]
舍得 [shěde] [동] 아까워하지 않다, 인색하지 않다, 기꺼이 버리다, 기꺼이 하다, 미련이 없다
惩罚 [chéngfá] [명][동] 징벌(하다)
疼 [téng] [동] 몹시 귀여워하다(사랑하다), 끔찍이(매우) 아끼다
一辈子 [yíbèizi] [명] 한평생, 일생
剩 [shèng] [동] 남다
屈指 [qūzhǐ] [동] 손가락을 꼽아 계산하다

●●● 설명

○ 说好 : 결과보어식. (어떤 일에 대한) '이야기를 끝내다', '말의 매듭을 짓다', '이야기를 마무리 짓다'.

○ 屈指可数 [qūzhǐkěshǔ] : [성어] '손을 꼽아 셈할 수 있다', '손꼽을 정도이다'.

26

教练：一二三走! 一二三走! 一二三走! 一二三!

Yī èr sān zǒu! Yī èr sān zǒu! Yī èr sān zǒu! Yī èr sān!

秦奋：我不喝酒了，勿念。

Wǒ bù hē jiǔ le, wù niàn。

姓秦! 秦始皇的秦，奋斗的奋。

Xìng Qín! Qínshǐhuáng de Qín, fèndòu de Fèn。

笑笑。短信已收到。笑面虎的笑。啊啊，对!

Xiàoxiao。Duǎnxìn yǐ shōudào。Xiàomiànhǔ de xiào。 ā ā, duì!

我给你打过两次电话，你都没接。有空联系。

Wǒ gěi nǐ dǎguo liǎng cì diànhuà, nǐ dōu méi jiē。Yǒu kòng liánxì。

26

教练 : 하나, 둘, 셋, go! 하나, 둘, 셋, go! 하나, 둘, 셋, go! 하나 둘 셋!

秦奋 : 나 이제 술 안 마셔요. 걱정 마세요.

친씨에요! 진시황의 친, 분투의 펀.

샤오샤오. 메시지는 이미 받았습니다. '샤오미엔후' 할 때의 '샤오'에요.

아아, 맞아요!

당신에게 두 번이나 전화했는데, 안 받으시더군요. 시간 있으면 연락 주세요.

●●●단어

勿 [wù] ⑨ ~해서는 안 된다, ~하지 마라

念 [niàn] ⑤ 그리워하다, 보고 싶어하다, 걱정하다, 생각하다, 고려하다

奋斗 [fèndòu] ⑤ (일정한 목적을 달성하기 위해) 분투하다

短信 [duǎnxìn] ⑨ (휴대폰으로 보내는) 문자 메시지

笑面虎 [xiàomiànhǔ] ⑨ 겉은 온화하지만 속은 음흉한 사람

空 [kòng] ⑨ 공간, 빈 곳, 틈, 짬, 겨를

●●●설명

○我不喝酒了 : '了'는 상황, 상태의 변화를 표시하는 어기조사.

27

秦奋：是啊! 就第一次咱们见面那地儿。

Shì a! jiù dì yí cì zánmen jiànmiàn nà dìr。

说五点见面这就说八遍了都。对啊! 是啊!

Shuō wǔ diǎn jiànmiàn zhè jiù shuō bā biàn le dōu。 Duì a! shì a!

好! 不见不散啊! 抱歉啊!

Hǎo! bú jiàn bú sàn a! bàoqiàn a!

求婚女：嗯？

Ēn？

秦奋：我约了两个人见面，这么效率高点，别介意啊。

Wǒ yuē le liǎng ge rén jiànmiàn, zhème xiàolǜ gāo diǎnr, bié jièyì a。

求婚女：没关系。我的工作啊，就是炒股。

Méi guānxì。Wǒ de gōngzuò a, jiù shì chǎogǔ。

最近熊市没什么事做，偷闲给自己物色个老公。

Zuìjìn xióngshì méi shénme shì zuò, tōuxián gěi zìjǐ wùsè ge lǎogōng。

等牛市一来，不就没时间了吗？你炒股吗？

Děng niúshì yì lái, bú jiù méi shíjiān le ma？Nǐ chǎogǔ ma？

秦奋：不炒。不懂。

Bù chǎo。Bù dǒng。

求婚女：其实啊，我觉得这征婚跟炒股票是一个道理。

Qíshí a, wǒ juéde zhè zhēnghūn gēn chǎo gǔpiào shì yí ge dàolǐ。

你可以同时看好几只股票。

Nǐ kěyǐ tóngshí kàn hǎo jǐ zhī gǔpiào。

最后到底买哪只，就要看它的表现，冷静地分析了。

Zuìhòu dàodǐ mǎi nǎ zhī, jiù yào kàn tā de biǎoxiàn, lěngjìngdi fēnxī le。

27

秦奋 : 맞아요! 우리 처음 만났던 바로 거기요. 5시에 만나자고 벌써 여덟 번이나 얘기했
　　　는데요. 맞아요! 네! 좋아요! 만날 때까지 기다리는 겁니다. 죄송합니다!

求婚女 : 네?

秦奋 : 두 사람이랑 약속을 잡았거든요. 이래야 효율을 높일 수 있는 거니까 괘념치
　　　말아 주세요.

求婚女 : 괜찮아요. 제 직업은 주식.투자하는 거거든요. 요즘은 하락장이라 별다른 일이
　　　　없어서, 짬을 내서 신랑을 물색하고 있는 중이에요.
　　　　시장이 좋아지면 이럴 겨를이 없잖아요? 주식 투자는 하세요?

秦奋 : 아니요. 문외한입니다.

求婚女 : 알고 보면 말이죠, 배우자 구하는 거랑 주식 하는 게 거의 같은 이치같아요.
　　　　몇 개 주식을 동시에 봐 두었다가, 종국에 가서 도대체 뭘 살지, 보여지는 모습에
　　　　따라 냉정한 분석을 해야 하니까요.

●●● 단어

不见不散 [bújiànbúsàn] [성어] 약속한 장소에서 서로 만날 때까지 떠나지 않는다
抱歉 [bàoqiàn] 图 미안해하다, 미안하게 생각하다, 죄송합니다
效率 [xiàolǜ] 图 (작업 등의) 능률, (기계·전기 등의) 효율
介意 [jièyì] 图 (유쾌하지 않은 일을) 마음 속에 두다, 신경 쓰다, 개의하다
炒股 [chǎogǔ] 图 주식 투자(투기)를 하다 =炒股票
熊市 [xióngshì] 图 (주식시장의) 하락장, 가격이 하락하거나 하락이 예상되는 장세
偷闲 [tōuxián] 图 틈(짬·시간)을 내다, 게으름피우다, 빈둥거리다, 꾀부리다
物色 [wùsè] 图 물색하다
老公 [lǎogōng] 图 남편, 신랑
牛市 [niúshì] 图 상승세인 주식 시장
冷静 [lěngjìng] 图 냉정하다, 침착하다, 조용하다, 고요하다, 쓸쓸하다

●●● 설명

○ 就第一次咱们见面那地儿 : '就'는 '바로', '틀림없이'. (사실이 바로 그렇다는 것을 표현함)
○ 这就说八遍了都 : '都'는 '이미', '벌써'.

比如说，长相啊，身材。比如说，性格、受教育程度。比如说，经济条件、家庭背景。再比如说...

Bǐrú shuō, zhǎngxiàng a, shēncái。Bǐrú shuō, xìnggé、shòu jiàoyù chéngdù。Bǐrú shuō, jīngjì tiáojiàn、jiātíng bèijǐng。Zài bǐrú shuō...

秦奋：那...我应该算一只业绩怎么样的股票呢？

Nà... Wǒ yīnggāi suàn yì zhī yèjì zěnmeyàng de gǔpiào ne？

求婚女：从年龄上、长相上看，应该属于跌破发行价的那种吧。

Cóng niánlíng shàng、zhǎngxiàng shàng kàn, yīnggāi shǔyú diēpò fāxíngjià de nà zhǒng ba。

秦奋：要是没人看得上，就有摘牌的危险了，是吧？

Yàoshi méi rén kàndeshàng, jiù yǒu zhāipái de wēixiǎn le, shì ba？

求婚女：那也不见得。没经验的人都喜欢追高。

Nà yě bújiànde。Méi jīngyàn de rén dōu xǐhuan zhuī gāo。

可追高的风险大呀。很容易就把自己套进去了。

Kě zhuīgāo de fēngxiǎn dà ya。Hěn róngyì jiù bǎ zìjǐ tàojinqu le。

有经验的啊，就会低价抄底。

Yǒu jīngyàn de ā, jiù huì dījià chāodǐ。

像你这种业绩不好的，一般人不敢碰。

Xiàng nǐ zhè zhǒng yèjì bù hǎo de, yìbān rén bù gǎn pèng。

예를 들면, 생김새라든가 몸매를 통해서 판단하기도 하고, 성격이나 교육수준, 또는 경제적인 조건이나 가정환경 같은 것도 보구요. 그것도 아니면...

秦奋 : 그러면 나같은 사람은 마땅히 어떤 주식에 해당할까요?

求婚女 : 연령이나 외모로 보자면 완전히 발행가로 쳐박힌 정도겠죠.

秦奋 : 아무한테도 선택받지 못 하면, 휴지조각이 돼버릴 위험이 있겠네요. 그렇죠?

求婚女 : 꼭 그런 건 아니에요. 무경험자들이야 베팅을 세게 하니까 위험도 자연히 높아져서 금새 말아먹기 십상이지만, 경험이 있는 사람들은 저가주로만 질러 버리죠. 선생님같은 불량주는 일반 투자자들로서는 덤벼들기가 좀 어려워요.

●●●단어

长相 [zhǎngxiàng] 몡 생김새, 용모

身材 [shēncái] 몡 몸매, 체격, 몸집

经济 [jīngjì] 몡 경제, 국민 경제, 경제 활동

业绩 [yèjì] 몡 업적

跌破 [diēpò] 몡 돌파

发行价 [fāxíngjià] 몡 발행가격

摘牌 [zhāipái] 동 간판을 내리다, 자격을 박탈(취소)하다

危险 [wēixiǎn] 몡혱 위험, 위험하다

追高 [zhuīgāo] 평고화(股市), average up

风险 [fēngxiǎn] 몡 위험(성), 모험

套 [tào] 동 씌우다, 걸치다, 걸쳐 입다, 말려 들어가다, 맞물리다, 연결하다, 잇다

低价 [dījià] 몡 염가, 저가, 헐값

抄 [chāo] 동 지름길로 가다, 질러가다, 잡다, 낚아채다, 움켜쥐다

●●●설명

○不见得 : '반드시 ~한 것은 아니다', '반드시 ~라고 할 수는 없다.'

○抄底 [chāodǐ] : '최저가로 매입하다.'

○追高 [zhuī gāo] : '높은 가격으로 매입하다', '상투 잡다'.

无人问津。所以呀，安全性比较好。

Wúrénwènjīn。Suǒyǐ yā, ānquánxìng bǐjiào hǎo。

都已经跌成这样了。还能怎么跌啊？

Dōu yǐjīng diēchéng zhèyàng le。Hái néng zěnme diē a？

秦奋：那像我这种低价抄进来的，你是准备长期持有呢，还是短线玩玩？

Nà xiàng wǒ zhè zhǒng dījià chāojìnlai de, nǐ shì zhǔnbèi chángqī chíyǒu ne, háishi duǎnxiàn wánrwánr？

求婚女：短线玩玩？你有那爆发力吗？

Duǎnxiàn wánrwánr？ Nǐ yǒu nà bàofālì ma？

只能长线拿着有当没有了呗。

Zhǐ néng chángxiàn názhe yǒu dāng méi yǒu le bei。

秦奋：那你要是拿了一阵儿，一直没有坚挺的表现呢？

Nà nǐ yàoshi ná le yízhènr, yìzhí méiyǒu jiāntǐng de biǎoxiàn ne？

求婚女：你放心。我不会傻到只持有你这一只的。

Nǐ fàngxīn。Wǒ bú huì shǎdào zhǐ chíyǒu nǐ zhè yì zhī de。

那总不能都不坚挺吧。我也太背了。

Nà zǒng bù néng dōu bù jiāntǐng ba。Wǒ yě tài bèi le。

秦奋：哎。你到啦？我在这儿啊。哦，看见你了。

Āi。Nǐ dào la？ Wǒ zài zhèr a。Ō, kànjiàn nǐ le。

你先等会儿啊。想喝什么就点，我结账。

Nǐ xiān děng huìr a。Xiǎng hē shénme jiù diǎn, wǒ jiézhàng。

我负责任地告诉你。我可不安全。

Wǒ fù zérèn di gàosu nǐ。Wǒ kě bù ānquán。

你还是别碰了。一旦砸你手里，既不中看也不中用。

Nǐ háishi bié pèng le。Yídàn zá nǐ shǒu lǐ, jì bù zhōngkàn yě bù zhōngyòng。

신경쓰는 사람이 없어서 안전성이 비교적 좋기도 하죠. 이미 이 지경까지 떨어졌는데, 더 이상 떨어질 데가 어디 있겠어요?

秦奋 : 그럼 나같은 이런 저가주는 장기투자 명목으로 사두는 것인가요, 아니면 단기간만 투자하는 건가요?

求婚女 : 단기투자요? 당신이 그런 폭발력이 있나요? 그냥 오래 갖고 있으면서 있는 듯 없는듯 하는 거죠.

秦奋 : 그럼 줄기차게 갖고 있어 봐도 별다른 뾰족한 수가 안 나올 때는요?

求婚女 : 걱정 마세요! 선생님같은 불량주를 계속 갖고 있을만큼 바보는 아니니까요. 그것도 어쨌든 늘 하락세일 수만은 없는 거니까. 저도 운이 참 나쁘기도 하죠.

秦奋 : 예! 도착했어요? 저는 여기에 있죠. 오! 보이네요. 잠시만 기다려요. 드시고 싶은 거 드세요. 계산은 제가 할 테니. 제가 책임있게 말씀드리는데요. 저는 매우 불안정한 주식이니까, 역시 저한테서는 손 떼시는 게 낫겠어요. 일단 괜히 손 안에 넣었다가는, 보기도 안 좋고 쓸모도 없을 것 같아요.

●●● 단어

无人问津 [wúrénwènjīn] [성어] 신경 쓰는 사람이 없다, 관심 갖는 사람이 없다
跌 [diē] [동] 떨어지다, 낙하하다, 내리다, 쓰러지다, 넘어지다, 자빠지다, 엎어지다
短线 [duǎnxiàn] [형] 짧은 시간에 효과와 이익이 나는
爆发力 [bàofālì] [명] 순발력, 폭발력
长线 [chángxiàn] [형] 비교적 긴 시간이 지나야 효과가 나는, 장거리의
坚挺 [jiāntǐng] [형] (시세,가격이) 오름세(강세)이다, 안정적이다, 굳세고 힘이 있다
傻 [shǎ] 어리석다, 우둔하다, 멍청하다, 미련하다, 고지식하다, 융통성이 없다
持有 [chíyǒu] [동] 가지고 있다, 소지하다, 지니다
背 [bèi] [형] 재수 없다, 운이 나쁘다, 운이 없다, 순조롭지 않다, 형편이 나쁘다
结账 [jiézhàng] [동] 계산하다, 결산하다, 회계를 마치다
砸 [zá] [동] 때려 부수다, 깨뜨리다, 못쓰게 만들다, 으스러뜨리다, 내리치다, 찧다
中看 [zhōngkàn] [형] 보기 좋다
中用 [zhōngyòng] [동] 유용하다, 쓸모 있다 (주로 부정형에 쓰임)

●●● 설명

○ 既不中看也不中用 : '既~, 也~'는 '~할 뿐만 아니라 ~도 또한'의 의미.

到时候想抛，割肉你都抛不出去。

Dào shíhou xiǎng pāo, gēròu nǐ dōu pāobuchūqù。

从投资的角度看，我就算不良资产。

Cóng tóuzī de jiǎodù kàn, wǒ jiù suàn bù liáng zīchǎn。

我这包袱，说什么也不忍心抛给你。

Wǒ zhè bāofu, shuō shénme yě bù rěnxīn pāo gěi nǐ。

咱们今儿就先停盘吧。

Zánmen jīnr jiù xiān tíngpán ba。

求婚女：我也还要看另外一只股票，约的是六点。

Wǒ yě hái yào kàn lìngwài yì zhī gǔpiào, yuē de shì liù diǎn。

你过去跟她聊聊吧。

Nǐ guòqù gēn tā liáoliao ba。

现在大势不好，可千万别盲目入市。

Xiànzài dàshì bù hǎo, kě qiānwàn bié mángmù rùshì。

秦奋：别急着进去。观望。

Bié jízhe jìnqu。Guānwàng。

때가 되어서 버리고 싶을 때, 살을 에어내도 버릴 수가 없게 될 거에요. 투자자적 관점에서 말씀드리자면, 저같은 사람은 불량자산이라 할 수 있겠네요. 저 같은 짐덩어리는 뭐라 한다 해도 모질게 당신에게 들이밀 수는 없겠죠. 오늘은 그만 여기서 자리를 접죠.

求婚女 : 저도 주식 한 주 더 보고 갈 게 남아서요. 여섯 시로 잡혀있어요. 가서 그 여자와 볼 일 보시죠. 지금은 대세가 안 좋은 시기이니, 절대 무작정 시장에 뛰어들면 안 돼요.

秦奋 : 급히 들어 가지는 않을래요. 관망해 보겠습니다.

●●● 단어

抛 [pāo] 憿 던지다, 버려두다, 버리다, 헐값에 팔다
割肉 [gēròu] 憿 고기를 베내다, 살을 에다, 손해 보고 팔다(주로 증권 거래에 쓰임)
不良资产 [bùliángzīchǎn] 憿 부실 자산
包袱 [bāofu] 憿 부담, 짐, (옷·물건 따위를 싸는) 보, 보자기, 보따리, 꾸러미
忍心 [rěnxīn] 憿 모질게 ~하다, 냉정하게 ~하다
今儿 [jīnr] 憿 (북방방언) 오늘 ＝[今儿个(jīnrge)]
停盘 [tíngpán] 거래정지 (suspension of trading)
大势 [dàshì] 憿 대세, 추세 (주로 정치적 형세를 가리킴)
千万 [qiānwàn] 憿 부디, 제발, 아무쪼록, 꼭, 절대로, 반드시
盲目 [mángmù] 憿 맹목적(인), 무작정, 눈먼
入市 [rùshì] 憿 주식시장에 참여하다
观望 [guānwàng] 憿 사태의 추이를 살피다, 관망하다, 둘러보다, 살펴보다, 바라보다

●●● 설명

○ 割肉你都抛不出去 : '都'는 부사로서 '(그럼에도 불구하고) 아직'의 의미. '抛不出去(던져버릴 수 없다)'는 복합방향보어식 '抛出去(던져내버리다)'가 가능보어식 부정형으로 바뀐 형태.
○ 可千万别盲目入市 : '可'는 '千万别~~'의 의미를 강화시키기 위한 강조부사.

28

笑笑：没影响你约会吧。

Méi yǐngxiǎng nǐ yuēhuì ba。

秦奋：人家没看上我。说我都跌破发行价啦。

Rénjia méi kànshang wǒ。 Shuō wǒ dōu diēpò fāxíngjià la。

笑笑：真可怜! 这么大岁数了，出来征婚，还老让人家伤自尊心。

Zhēn kělián! Zhème dà suìshù le， chūlái zhēnghūn， hái lǎo ràng rénjia shāng zìzūnxīn。

秦奋：别猫哭耗子了。说吧。又有什么事找我？

Bié māokūhàozǐ le。 Shuō ba。 Yòu yǒu shénme shì zhǎo wǒ？

笑笑：我想正式当你的女朋友。

Wǒ xiǎng zhèngshì dāng nǐ de nǚpéngyou。

秦奋：哪种女朋友啊？

Nǎ zhǒng nǚpéngyou a？

笑笑：可以结婚的那种。

Kěyǐ jiéhūn de nà zhǒng。

秦奋：为什么啊？你也怀上了？

Wèishénme a？ Nǐ yě huáishang le？

28

笑笑 : 선 보는 데 방해가 된 건 아니죠?

秦奋 : 그 쪽에서 내가 별로라네요. 내가 완전 발행가로 쳐박혔다나요.

笑笑 : 정말 불쌍도 하셔라. 이렇게 나이가 많이 들었는데, 색시 구하러 나섰다가 남들
한테 자존심만 구기다니....

秦奋 : 고양이가 쥐 생각해 주시네요. 말해봐요. 또 무슨 일로 나를 찾아 오셨죠?

笑笑 : 정식으로 당신의 여자친구가 되고 싶어요.

秦奋 : 어떤 종류의 여자 친구요?

笑笑 : 결혼까지도 할 수 있는 그런 여자친구요.

秦奋 : 왜요? 당신도 임신을 하셨나요?

● ● ● 단어

影响 [yǐngxiǎng] 몡동 영향, 영향을 주다

自尊心 [zìzūnxīn] 몡 자존심

猫哭耗子 [māokūhàozi] [헐후어] 고양이가 쥐를 위해 울다, 고양이 쥐 생각, 동정하는(자애로운 · 자
비를 베푸는) 척하다 =[猫哭老鼠]

女朋友 [nǚpéngyou] 몡 여자 친구, 여자 애인

怀 [huái] 동 품다, 간직하다, 배다, 임신하다

心思 [xīnsi] 몡 생각, 염두, 심정, 마음, 기분

开玩笑 [kāiwánxiào] 동 농담하다, 웃기다, 놀리다, 장난으로 여기다

● ● ● 설명

○ 大岁数了 : '了'는 어기조사로서 명사성 성분 '大岁数' 뒤에 결합되어 '상황, 상태의 변화'를
나타낸다.

○ 怀上 : 'V+上'. '上'은 '완료', '결과'를 나타냄.

笑笑：我没心思跟你开玩笑。我有个条件。

　　　Wǒ méi xīnsi gēn nǐ kāi wánxiào。Wǒ yǒu ge tiáojiàn。

秦奋：什么条件？

　　　Shénme tiáojiàn？

笑笑：我跟你谈恋爱，甚至结婚。

　　　Wǒ gēn nǐ tán liàn'ài, shènzhì jiéhūn。

　　　所有妻子该尽的责任我都可以做得到。

　　　Suǒyǒu qīzi gāi jìn de zérèn wǒ dōu kěyǐ zuòdedào。

　　　但是你要允许我心里头有别人。

　　　Dànshì nǐ yào yǔnxǔ wǒ xīn lǐtou yǒu biérén。

　　　我不会有实际的行动。我只是会在我的心里头给他保留一个位子。

　　　Wǒ bú huì yǒu shíjì de xíngdòng。Wǒ zhǐ shì huì zài wǒ de xīn lǐtou gěi tā bǎoliú

　　　yí ge wèizi。

　　　有时候会走神，会想念他。

　　　Yǒushíhou huì zǒushén, huì xiǎngniàn tā。

　　　但仅仅只是想念而已。绝对不会和他联系。

　　　Dàn jǐnjǐn zhǐ shì xiǎngniàn éryǐ。Juéduì bú huì hé tā liánxì。

　　　你能接受吗？

　　　Nǐ néng jiēshòu ma？

秦奋：人在我这儿，心在别处。

　　　Rén zài wǒ zhèr, xīn zài bié chù。

笑笑：你可以不接受。我知道对你不公平。

　　　Nǐ kěyǐ bù jiēshòu。Wǒ zhīdao duì nǐ bù gōngpíng。

秦奋：那你能允许我？

　　　Nà nǐ néng yǔnxǔ wǒ？

　　　心在你这儿，身体有时候开小差吗？

　　　Xīn zài nǐ zhèr, shēntǐ yǒushíhou kāixiǎochāi ma？

笑笑：그쪽하고 농담할 기분 아니에요. 조건이 하나 있어요.

秦奋：무슨 조건이요?

笑笑：제가 당신과 연애하겠다는 건, 심지어 결혼까지도. 모든 아내들이 마땅히 해야할 책무는 다 할 수 있어요. 그러나 제 마음 속에 한 사람을 두고 있는 건 허락해줘야 해요. 무슨 구체적인 행동을 하지는 않을 거구요. 그냥 제 마음 속에 그 남자를 위한 자리 하나를 남겨 두기 위함이에요. 어떨 때는 마음이 산만해지면 그를 그리워 할 거에요. 하지만 절대 그와 연락을 하지는 않을게요. 받아 들일 수 있겠어요?

秦奋：사람은 여기 내 곁에 있는데, 마음은 저쪽에 가 있다……

笑笑：받아 들이지 않아도 돼요. 당신에게 불공평하다는 거 알아요.

秦奋：그럼 당신은 나를 받아 들일 수 있나요?
내 마음은 여기 있는데, 몸은 어떨 때 한눈을 팔고 있다면요?

●●● 단어

甚至 [shènzhì] [부] 심지어, ~까지도, ~조차도
妻子 [qīzi] [명] 아내
尽 [jìn] [동] 온 힘을 다해 해내다, 힘써 완수하다
责任 [zérèn] [명] 책임, 마땅히 책임져야 할 과실
允许 [yǔnxǔ] [동] 동의하다, 허가하다, 응낙하다, 허락하다
实际 [shíjì] [형] 실제에 부합되다, 현실적이다
位子 [wèizi] [명] 자리, 좌석, 직위
走神 [zǒushén] [동] 주의력이 분산되다
想念 [xiǎngniàn] [동] 그리워하다, 생각하다
绝对 [juéduì] [부][형] 절대로, 완전히, 반드시, 절대(의), 절대적(인)
开小差 [kāixiǎochāi] [동] 정신이 집중되지 않다, 정신을 팔다, 한눈을 팔다
公平 [gōngpíng] [형] 공평하다, 공정하다

●●● 설명

○做得到 : 가능보어식. '할 수 있다', '해낼 수 있다'.

笑笑：不允许。

　　　　Bù yǔnxǔ。

秦奋：那你心不在我这的时候，我心也不在你这儿，行吗？

　　　　Nà nǐ xīn bú zài wǒ zhèr de shíhou, wǒ xīn yě bú zài nǐ zhèr, xíng ma？

笑笑：可以。但身体要忠于对方。

　　　　Kěyǐ。Dàn shēntǐ yào zhōngyú duìfāng。

秦奋：你过来。那我还得赶紧再找一个想的人去。

　　　　Nǐ guòlai。Nà wǒ hái děi gǎnjǐn zài zhǎo yí ge xiǎng de rén qù。

　　　　要不然你心里有别人，我没有，那我不亏死了。

　　　　Yàoburán nǐ xīn lǐ yǒu biérén, wǒ méi yǒu, nà wǒ bù kuī sǐ le。

笑笑：你同意了？

　　　　Nǐ tóngyì le？

秦奋：同意啊。

　　　　Tóngyì a。

笑笑：能陪我去一趟北海道吗？

　　　　Néng péi wǒ qù yí tàng Běihǎidào ma？

　　　　我和他是从那儿开始的。我也想要在那里结束。

　　　　Wǒ hé tā shì cóng nàr kāishǐ de。Wǒ yě xiǎng yào zài nà lǐ jiéshù。

　　　　心里都乐开花了吧？

　　　　Xīn lǐ dōu lè kāihuā le ba？

笑笑 : 안 돼죠.

秦奋 : 그럼 당신 마음이 나에게 있지 않을 때, 내 마음도 당신에게 있지 않다면 어떻겠
어요?

笑笑 : 그건 괜찮아요. 그러나 몸은 상대방에게 충실해야 해요.

秦奋 : 이리 좀 와 봐요. 그럼 나도 빨리 그리워할 사람을 하나 찾아야겠군요. 그렇지
않으면 당신 마음 속에는 다른 사람이 있는데, 내 마음 속에는 아무도 없다하더라
도, 나만 손해보고 죽는 건 아니니까요.

笑笑 : 동의하신 거죠?

秦奋 : 동의해요.

笑笑 : 나와 함께 홋카이도에 같이 가 줄 수 있겠어요? 그 사람이랑 거기서 시작을
한 터라 거기서 끝을 맺고 싶어요.
속으로는 아주 좋아 죽겠죠?

●●● 단어

忠于 [zhōngyú] 图 ~에 충성을 다하다, ~에 충실하다

赶紧 [gǎnjǐn] 图 서둘러, 재빨리, 황급히, 얼른, 어서

亏 [kuī] 图 손해보다, 잃어버리다, 손실되다, 저버리다, 배신하다, 손해를 보게 하다

北海道 [Běihǎidào] 图 일본 홋카이도

乐 [lè] 图图 즐겁다, 기쁘다, 즐거움, 쾌락

●●● 설명

○ 要不然 [yàoburán] : '그렇지 않으면', '또는'. '要(만일)'와 '不然(그렇지 않다)'이 결합하여
만들어진 어구.

○ 乐开花了吧? : 직역하면, '즐겁게 꽃이 피었죠?', 의역하면 '즐거우시죠?'이다.
'乐'는 형용사로서 이 문장 안에서 부사어로 사용되어 동사구 '开花'를 수식해준다.

29

秦奋：邬桑！

Wūsāng!

邬桑：哎哟！十年不见你还那揍性。

Āiyō! shí nián bú jiàn nǐ hái nà zòuxìng。

秦奋：乍一看真像是北海道农民。

Zhà yí kàn zhēn xiàng shì Běihǎidào nóngmín。

就是眼神比日本人贼点儿。这是笑笑。

Jiù shì yǎnshén bǐ rìběnrén zéi diǎnr。 Zhè shì Xiàoxiao。

这是我跟你说的邬桑。娶了北海道媳妇扎这儿了。

Zhè shì wǒ gēn nǐ shuō de Wūsāng。 Qǔle Běihǎidào xífù zhā zhèr le。

邬桑：梁小姐，很荣幸能为您效劳。

Liángxiǎojiě, hěn róngxìng néng wèi nín xiàoláo。

笑笑：麻烦你了。

Máfan nǐ le。

邬桑：我来帮你拿吧。

Wǒ lái bāng nǐ ná ba。

29

秦奋 : 우쌍!

邬桑 : 아이고! 십년을 못 봤는데도, 아직 여전하구만.

秦奋 : 얼핏 봐도 홋카이도 농군이 다 됐는데! 단지 눈빛만 일본인보다 좀 사악할 뿐.
이 쪽은 샤오샤오씨야!
이 사람은 전에 말했던 우쌍이란 친구입니다. 홋카이도 마누라를 얻어서 여기에 눌러 앉게 됐죠.

邬桑 : 미스량, 모시게 되어서 영광입니다.

笑笑 : 번거롭게 해 드리네요.

邬桑 : 제가 들어 드릴게요.

●●● 단어

哎哟 [āiyō] [감] 아야! 어머나! 어이구! 아이고! (놀람, 고통, 안타까움 등을 나타냄)
揍性 [zòuxìng] [형] 잘생기지도 뛰어나지도 못하면서 능력 밖이거나 비현실적인 행동을 하면서 여자의 환심을 사려는 사람의 모습
乍 [zhà] [부] 갑자기, 홀연, 별안간, 돌연, 문득, 어느덧
北海道 [Běihǎidào] [고] 일본 홋카이도
贼 [zéi] [명][형] 도둑, 도적, 적, 반역자, 나쁜, 사악한, 부정(不正)한, 요사한
扎 [zhā] [동] (뾰족한 물건으로) 찌르다, 파고 들다, 뛰어 들다, 뚫고 들어가다, 비집고 들어가다, 쑤셔 넣다
荣幸 [róngxìng] [형] 매우 영광스럽다
效劳 [xiàoláo] [동] (상대방을 위해)진력하다, 온 힘을 다하다, 힘쓰다, 충성을 다하다

●●● 설명

○ 比日本人贼(一)点儿 : 'A+比+B+동/형' 형식의 차등비교 구문. 'A는 B보다 ~하다'. 전치사 '比'는 A, B 두 비교대상과 주체 간의 성질, 상태, 수량, 정도 등의 차이를 표현한다.
他弟弟比他聪明 | 他的房间比我的房间大一点

30

秦奋：邬桑，这箭头干吗用的？

　　　　Wūsāng, zhè jiàntóu gànmá yòng de？

邬桑：梁小姐，你来过北海道。你肯定知道。你告诉他。

　　　　Liángxiǎojiě, nǐ láiguo Běihǎidào。Nǐ kěndìng zhīdao。Nǐ gàosu tā。

秦奋：嘿! 嘿! 问你话呢。

　　　　Hēi Hēi! Wèn nǐ huà ne。

笑笑：什么？

　　　　Shénme？

秦奋：这带箭头的那杆子是干吗用的？你知道吗？

　　　　Zhè dài jiàntóu de nà gānzi shì gànmá yòng de？Nǐ zhīdao ma？

笑笑：北海道冬天的雪会很大。

　　　　Běihǎidào dōngtiān de xuě huì hěn dà。

　　　　这些向下指的箭头就是给开车的人告诉那路有多宽，以免开出路肩。

　　　　Zhè xie xiàng xià zhǐ de jiàntóu jiù shì gěi kāichē de rén gàosu nà lù yǒu duō

　　　　kuān, yǐmiǎn kāichū lùjiān。

30

秦奋 : 우쌍, 이 화살표는 뭐 하는 데 쓰는 거야?

邬桑 : 미스량! 전에 홋카이도에 와 보셨다니 잘 아시겠네요. 대신 설명 좀 해주세요.

秦奋 : 헤이! 저기요! 물어 보잖아요.

笑笑 : 뭘요?

秦奋 : 화살표가 붙어 있는 저 막대기들이 뭐 하는 데 쓰는 건지 아냐구요.

笑笑 : 홋카이도는 겨울에 눈이 많은 지역이에요.
저렇게 아랫쪽으로 향한 화살표들은 운전자들에게 도로 폭을 알려 주어서 차가 갓길로 벗어나는 걸 방지하는 거에요.

●●● 단어

箭头 [jiàntóu] [명] 화살촉, 화살표

嘿 [hēi] [감] 야, 하, 허 (놀라움이나 경탄을 표현), 어이, 여보 (가볍게 부르거나 주의를 환기시킬 때 씀)

杆子 [gānzi] [명] (어떤 용도가 있는) 막대기, 장대, 기둥

宽 [kuān] [형] (폭, 면적, 범위가) 넓다, 드넓다, 너르다, 널따랗다, 널찍하다

以免 [yǐmiǎn] [접] ~하지 않도록, ~않기 위해서. [=免得]

路肩 [lùjiān] [명] 철로나 도로의 양쪽 가장자리 부분, 갓길, 노견

●●● 설명

○ 问你话 : '问'은 목적어를 두 개 가질 수 있는 대표적인 동사 중의 하나.
'你'는 간접목적어, '话'는 직접목적어.
주어는 생략. '당신에게 말을 묻고 있다'의 의미.

○ 开出 : 술보구조의 방향보어식. 방향보어 '出'는 동작의 방향을 표현함은 물론, 모종의 결과 의미도 담고 있음.

秦奋：哦! (日语)原来如此。是这么说吧？邬桑!

Ò! Shì zhème

shuō ba？Wūsāng!

邬桑：对, 对, 对!

Duì, duì, duì!

秦奋：这也是你上次来的时候, 他告诉你的吧？

Zhè yě shì nǐ shàngcì lái de shíhou, tā gàosu nǐ de ba？

笑笑：咱们好好玩。现在你是我男朋友。

Zánmen hǎohāo wánr。Xiànzài nǐ shì wǒ nánpéngyǒu。

不提他了, 好吗？

Bù tí tā le, hǎo ma？

秦奋：我现在还不适应。

Wǒ xiànzài hái bú shìyìng。

老觉着自己兜里钱不是自己的, 是跟人家借的, 花完了还得还。

Lǎo juézhe zìjǐ dōu lǐ qián bú shì zìjǐ de, shì gēn rénjia jiè de, huāwán le hái

děi huán。

邬桑, 停车。停! 我得进去拜拜。

Wūsāng, tíng chē。Tíng! Wǒ děi jìnqu bàibai。

也不知道他说什么呢。

Yě bù zhīdao tā shuō shénme ne。

邬桑：今天没戏。

Jīntiān méi xì。

秦奋：怎么着了？

Zěnmezháo le？

邬桑：寺院不对外开放。你拜不成了。

Sìyuàn bú duìwài kāifàng。Nǐ bàibuchéng le。

秦奋：跟他们好好说说。说我们从中国来的, 就想今天拜。

Gēn tāmen hǎohāor shuōshuo。Shuō wǒmen cóng Zhōngguó lái de, jiù xiǎng

jīntiān bài。

秦奋 : 오! 소우데쓰네~. 이렇게 말하는 거 맞지? 우쌍!

邬桑 : 맞아, 맞아!

秦奋 : 이것도 당신이 지난 번 왔을 때, 그 남자가 가르쳐 준 거죠?

笑笑 : 우리끼리 잘 놀자구요. 지금은 당신이 내 애인이니까 그 사람 얘기는 말고요. 오케이?

秦奋 : 난 지금 아직 적응이 안 돼요. 주머니 속에 든 돈이 내 것이 아니라 남한테 빌린 것 같거든. 다 쓰고 나면 다시 갚아야 할 것 같은 느낌이라니까.

우쌍, 차 세워. 스톱! 들어가서 불공 좀 드리고 가야겠어.

뭐라 그러는 건지 도통 모르겠네.

邬桑 : 오늘은 희망이 없네.

秦奋 : 어떻게 된 일인데?

邬桑 : 사원을 외부에 개방하지 않는다니 불공은 못 드리겠네.

秦奋 : 그 사람들에게 말 좀 잘 해보라고! 우리는 중국에서 왔고, 오늘 불공을 드리고 싶다고 말해봐.

●●●단어

兜 [dōu] 몡 호주머니, 주머니, 자루

借 [jiè] 동 빌리다, 빌려주다, 빌미로 삼다, 빙자하다, 구실로 삼다

拜 [bài] 동 절하다, 숭배하다, 상대방에게 절을 하며 축하나 경의의 뜻을 표시하다

开放 [kāifàng] 동 (봉쇄, 금지령, 제한 등을) 해제하다, 개방하다, (공항, 항구, 도로 등의) 출입, 통행을 개방하다, (공원, 도서관 등의) 공공 장소를 개방하다

●●●설명

○ 觉着 : '~라고 느끼다', '~라고 여기다'.

○ 没戏 : (방언) '가망(희망, 가능성)이 없다. [有戏: 희망이 있다]

○ 怎么着 : (어떤 동작이나 형편에 대한 물음으로) '어떻게 하다', '어찌 하겠소?', '어떻게 할 생각이오?'

○ 拜不成 : 'V不成' 가능보어식. '不成'은 동사 뒤에 쓰여, 동작이나 행위가 실현, 성립될 수 없음을 나타냄. 去不成 | 买不成

邬桑：你是一坏人呢。你不是什么都不信嘛？

Nǐ shì yí huàirén ne。 Nǐ bú shì shénme dōu bú xìn ma？

怎么变得执着了。

Zěnme biànde zhízhuó le。

秦奋：我现在有信仰了。

Wǒ xiànzài yǒu xìnyǎng le。

老天爷发我这么漂亮一媳妇，必须得烧烧香。

Lǎotiānyé fā wǒ zhème piàoliang yì xífù, bìxū děi shāoshao xiāng。

笑笑：哎! 我还没想好要不要嫁你呢。

Āi! Wǒ hái méi xiǎnghǎo yào bú yào jià nǐ ne。

再说这日本的佛也管不了你的事啊。

Zài shuō zhè Rìběn de fó yě guǎnbuliǎo nǐ de shìr a。

秦奋：别乱说! 佛分什么国界啊？北海道是我的福地。

Bié luàn shuō! Fó fēn shénme guójiè a？ Běihǎidào shì wǒ de fúdì。

我见佛就拜，肯定错不了。再说说!

Wǒ jiàn fó jiù bài, kěndìng cuòbuliǎo。 Zài shuō shuo!

邬桑：行行行! 就冲你捡了梁小姐这么大一便宜。

Xíng xíng xíng! Jiù chòng nǐ jiǎn le Liángxiǎojiě zhème dà yì piányi。

我帮你说说去。

Wǒ bāng nǐ shuōshuo qù。

鄔桑 : 아주 못된 놈이구만. 아무 것도 안 믿는다면서?

　　　 왜 그리 집착하게 되었어.

秦奮 : 이젠 나도 믿음이 생겼거든. 하나님께서 나에게 이런 예쁜 아내를 주셨으니 향불

　　　 정도는 올려 드려야지.

笑笑 : 이봐요! 난 아직 그 쪽에게 시집갈 지 안 갈 지 결정 안 했거든요.

　　　 거기다 여기 일본 부처님이 당신 일을 관여할 수도 없구요.

秦奮 : 그런 말 마세요! 부처가 무슨 국경을 나눈답니까? 홋카이도는 저에게 축복의

　　　 땅이라구요. 부처님을 뵙고 절을 하는 게 당연하죠. 다시 말 좀 잘 해 봐!

鄔桑 : 알았어, 알았어! 미스량처럼 이렇게 큰 선물을 너에게 안겨 줬으니까.

　　　 한 번 더 가서 말해 볼게.

●●● 단어

信 [xìn] 몡동혱 편지, 서신, 믿다, 진실하다, 참되다, 확실하다

执着 [zhízhuó] 혱 집착하다, 고집스럽다, 융통성이 없다, 집착하다, 끈기 있다

信仰 [xìnyǎng] 몡동 신앙, 신앙하다, 숭배하다, 믿고 받들다

老天爷 [lǎotiānyé] 몡 하느님, 조물주, 하늘이시여!, 하느님이시여!, 맙소사!

发 [fā] 동 내주다, 지급하다, 발급하다, 보내다, 교부하다, 부치다

烧香 [shāoxiāng] 동 향을 태우다, 분향하다

佛 [fó] 몡 부처, 불타

国界 [guójiè] 몡 국경선

福地 [fúdì] 몡 행복한 곳, 보금자리, 안락한 곳

冲 [chòng] 젠동 ~쪽으로, ~을 향해서, 향하고 있다, 대하고 있다

捡 [jiǎn] 동 줍다

便宜 [piányi] 혱몡동 (값이) 싸다, 헐하다, 공짜, 공것, 좋게(잘, 수월하게) 해 주다, 이롭게 해 주다

●●● 설명

○管不了: '관여할 수 없다', '참결할 수 없다'.

○捡便宜: '아주 싼 값에 사다', '힘들이지 않고 이익을 얻다', '불로소득하다', '거저먹으려

　　　하다'.

31

秦奋：这怎么还搜身呢？

Zhè zěnme hái sōushēn ne？

邬桑：这是一个非常有势力的家族的葬礼。

Zhè shì yí ge fēicháng yǒu shìlì de jiāzú de zànglǐ。

秦奋：那咱们走吧。

Nà zánmen zǒu ba。

邬桑：开玩笑! 来了就不能走了。

Kāi wánxiào! Lái le jiù bù néng zǒu le。

别看了。悲伤点!

Bié kàn le。Bēishāng diǎnr!

31

秦奋 : 왜 몸수색을 하고 난리야?

邬桑 : 꽤 큰 세력가 일가의 장례식이라 그래.

秦奋 : 그럼 그냥 가든가!

邬桑 : 농담 하냐! 일단 왔으면 갈 수가 없지.
쳐다보지 마. 슬픈 표정이나 지어!

●●● 단어

搜身 [sōushēn] [동] 몸을 수색하다, 몸을 뒤지어 찾다
势力 [shìli] [명] 세력
家族 [jiāzú] [명] 가족, 일족, 일문, 일당
葬礼 [zànglǐ] [명] 장례(식), 장의(葬儀)
悲伤 [bēishāng] [형] 마음이 아프다, 마음이 상하다, 몹시 슬퍼하다, 상심하다, 비탄에 잠기다

32

邬桑：我刚才看你好像还真哭了，是吧？

Wǒ gāngcái kàn nǐ hǎoxiàng hái zhēn kū le, shì ba？

笑笑：哈哈哈!

Hā hā hā!

秦奋：不许笑! 你没哭啊？我看你也哭了。

Bù xǔ xiào! Nǐ méi kū a? Wǒ kàn nǐ yě kū le。

笑笑：我使劲憋着。把眼泪给憋出来了。

Wǒ shǐjìn biēzhe。Bǎ yǎnlèi gěi biēchulái le。

邬桑：这帮日本人，一定觉得咱们中国人特别仗义，非亲非故的。

Zhè bāng rìběnrén, yídìng juéde zánmen zhōngguórén tèbié zhàngyì, fēi qīn fēi gù de。

大老远赶来哭一鼻子，不让进还不行。

Dàlǎoyuǎn gǎnlái kū yì bízi, bú ràng jìn hái bù xíng。

秦奋：你们谁也甭惹我啊。

Nǐmen shéi yě béng rě wǒ a。

我现在可算是道上的人了。

Wǒ xiànzài kě suàn shì dào shàng de rén le。

你肯定一开始就知道这是葬礼。

Nǐ kěndìng yì kāishǐ jiù zhīdao zhè shì zànglǐ。

邬桑：你怨谁啊？是你哭着喊着非要进去。

Nǐ yuàn shéi a？Shì nǐ kūzhe hǎnzhe fēiyào jìnqu。

笑笑：你真是太可爱了。

Nǐ zhēn shì tài kě'ài le。

32

邬桑 : 너 방금 전에 진짜 우는 것 같던데, 맞지?

笑笑 : 하하하하!

秦奋 : 웃지 마요! 자기는 뭐 안 울었나? 보니까 자기도 훌쩍거리더구만.

笑笑 : 엄청 힘을 주고 참고 있다가, 억지로 눈물을 쏟아 낸 거에요.

邬桑 : 그 일본인들 말이야, 우리 중국인들이 꽤 의리가 있다고 생각할거야. 아무런 연고도 없는데, 그 먼 곳에서부터 와서 훌쩍거리고 있으니, 안 들여 보내 줄 수가 없는 거지.

秦奋 : 두 사람 다 나 건드리지 말아 줘. 난 지금 암흑조직에 있는 셈이라구. 넌 장례식이란 걸 처음부터 분명히 알고 있었을 거야.

邬桑 : 누굴 탓하는 거야? 네가 울고불고하면서 꼭 들어 가야 한다고 했잖아.

笑笑 : 당신 정말 귀여운 양반이군요.

●●● 단어

许 [xǔ] [동] 허락하다, 허용하다, 허가하다, 승낙하다
使劲 [shǐjìn] [동] 힘을 쓰다, 힘껏 도와 주다
憋 [biē] [동] 참다, 억제하다, 답답하게 하다, 숨막히게 하다
帮 [bāng] [명] 무리, 집단, 조직, 패
仗义 [zhàngyì] [형][동] 의리를 중시하다, 의리가 있다, 정의를 좇아 행동하다
大老远 [dàlǎoyuǎn] [형] 매우 멀다, 아주 먼
惹 [rě] [동] 야기하다, 일으키다, (말이나 행동이) 어떤 반응을 불러 일으키다
可爱 [kě'ài] [형] 사랑스럽다, 귀엽다

●●● 설명

○把眼泪给憋出来了 : '给'는 피동(被動)이나 처치(處置)의 뜻을 나타내는 문장의 술어 동사 앞에 위치하여 어기를 강하게 함. (보통 '叫', '让', '把'와 함께 쓰이며 생략해도 무방함)
他让人给打了 | 叫狗给咬了

○非亲非故 [fēiqīnfēigù] : '일가도 친구도 아니다', '서로 아무 관계가 없다'.

○哭鼻子 [kūbízi] : '울다', '훌쩍거리다'. (해학적인 의미를 내포함)

○道上的人 : '道'는 '黑道(암흑가 조직, 범죄 조직, 마피아)'를 가리킴.

33

（日语）

邬桑：对不起，请问一下。鄙之座旅馆怎么走啊？

女人：从这儿一直走，前面右转就是了。

邬桑：我知道了，非常感谢。

邬桑：就在前面右拐。

　　　　Jiù zài qiánmiàn yòu guǎi。

秦奋：四姐妹什么呀？

　　　　Sì jiěmèi shénme ya？

邬桑：四姐妹居酒屋。

　　　　Sì jiěmèi jūjiǔwū。

33

(日语)

邬桑：실례합니다! 말씀 좀 여쭐게요. 히나노자 여관이 어디죠?

女人：이 쪽으로 주욱 가시다가, 저 앞에서 우회전 하시면 됩니다.

邬桑：알겠습니다. 감사합니다.

邬桑：저 앞에서 우회전만 하면 된대.

秦奋：'네자매'가 어쨌다는 거야?

邬桑：'네자매 선술집'이란 소리야.

●●● 단어

拐 [guǎi] [동] 방향을 바꾸다, 꺾어 돌다, 돌아가다, 다리를 절다, 절름거리다
居酒屋 [jūjiǔwū] [명] いざかや, 선술집, 대폿집

邬桑：怎么住啊？你们俩一间。

Zěnme zhù a？ Nǐmen liǎ yì jiān。

秦奋：咱俩一间。老没见了好好聊聊。

Zán liǎ yì jiān。Lǎo méi jiàn le hǎohāo liáoliao。

邬桑：跟我你就别假招子了。

Gēn wǒ nǐ jiù bié jiǎ zhāozi le。

守这么一天仙，你跟我睡？

Shǒu zhème yì tiānxiān， nǐ gēn wǒ shuì？

秦奋：真没玩假招子。

Zhēn méi wánr jiǎ zhāozi。

我们俩还没到那份儿上呢。她心里没我。

Wǒmén liǎ hái méi dào nà fènr shàng ne。Tā xīn lǐ méi wǒ。

（日语）

女人：请您好好休息吧。

笑笑：谢谢。

邬桑 : 방을 어떻게 쓸 거야? 둘이서 한 방을 써라.

秦奋 : 우리 둘이 한 방 쓰자구. 오래 못 봤으니 얘기나 좀 하게.

邬桑 : 나한테 괜한 내숭떨지 마시지. 이런 선녀를 옆에다 놔두고서, 나하고 자자구?

秦奋 : 정말로 내숭떠는 척 하는게 아니라구. 우리 둘은 아직 거기까지 간 상황은 아니
거든. 나는 아직 저 사람 마음 속에 없어.

(日语)

女人 : 편히 쉬십시오.

笑笑 : 감사합니다.

●●● 단어

假 [jiǎ] 형동명 거짓의, 가짜의, 위조의, 인조의, 모조의, 빌다, 의거하다, 핑계대다, 구실로 삼다,
　　　　빙자하다, 이용하다, 가짜 상품, 위조품

招子 [zhāozi] 명 간판 또는 상점의 이름을 쓴 깃발이나 손님을 부르는 표지, (벽 등에 붙여진)
　　　　광고, 포스터, 벽보, 방법, 책략, 수단

守 [shǒu] 동 지키다, 수비하다, 고수하다

天仙 [tiānxiān] 명 (전설 속 천상의) 선녀, 미녀

份 [fèn] 명양 전체 중의 일부분, ~의 부분, 몫, 배당, 벌, 짝, 세트 (배합하여 한 벌이 되는 것을
　　　　세는 단위)

●●● 설명

○ 别假招子了 : '别装了'와 같은 의미. '~인 척하지 마라.'

○ 守这么一天仙 : '예쁜 선녀를 지키고 있다'. '예쁜 여자가 옆에 있다'는 뜻.

○ 还没到那份儿上 : '아직 그 정도에 이르지는 못 했다'. '份儿'은 '~정도'의 의미.

邬桑：来，尝尝这个。

　　　　Lái, chángchang zhèi ge。

秦奋：腥! 通透! 刺激! 你尝尝。

　　　　Xīng! Tōngtòu! Cìjī! Nǐ chángchang。

笑笑：我受的刺激还少啊？

　　　　Wǒ shòude cìjī hái shǎo a？

　　　　我现在需要的不是刺激，是麻木。

　　　　Wǒ xiànzài xūyào de bú shì cìjī, shì mámù。

　　　　喝酒最大的好处呢，就是可以让人麻木。

　　　　Hē jiǔ zuì dà de hǎochù ne, jiù shì kěyǐ ràng rén mámù。

邬桑：来来来，别光顾着喝酒。大蛎贝。

　　　　Lái lái lái, bié guāng gùzhe hē jiǔ。Dà lìbèi。

秦奋：我现在也需要麻木。

　　　　Wǒ xiànzài yě xūyào mámù。

　　　　要不是赶上你万念俱灰，也轮不上我在这儿跟你谈婚论嫁。

　　　　Yàobúshì gǎnshang nǐ wànniànjùhuī, yě lúnbushàng wǒ zài zhèr gēn nǐ tánhūn lùnjià。

　　　　我受的刺激一点不比你少。

　　　　Wǒ shòude cìjī yì diǎn bù bǐ nǐ shǎo。

邬桑 : 자, 이것 좀 맛 봐봐.

秦奋 : 비려! 뒤집어 쓰겠군! 자극적이야! 맛 좀 봐요.

笑笑 : 제가 받은 자극은 충분해요. 저에게 지금 필요한 건 자극이 아니라 무감각이에
　　 요. 술이 주는 가장 큰 장점은 바로 사람을 마비시킬 수 있다는 거죠.

邬桑 : 자자, 깡술만 마셔대지 말고. 여기 굴조개 좀 드셔 보세요.

秦奋 : 나도 지금 무감각이 필요해요. 만일 당신이 극단적인 충격을 받지 않았었다면,
　　 나에게는 여기서 당신과 결혼 애기를 할 차례조차도 되지 못 했을 거요.
　　 내가 받은 자극이 결코 당신보다 적지는 않을 걸요.

●●●단어

尝 [cháng] 동 맛보다, 시험삼아 먹어보다, 시식하다, 시험삼아 해보다, 시험해 보다

腥 [xīng] 형명 비린내가 나다, 비린내, 생육, 날고기

通透 [tōngtòu] 형 완전히 이해하다, 훤하게 꿰뚫다, 통달하다, 똑똑히 알다, 완전히 관통하다, 흠뻑
　　　　　　　 스며들다

刺激 [cìjī] 동명 자극하다, 고무하다, 북돋우다, 흥분시키다, (정신적) 자극, 충격

麻木 [mámù] 형 마비되다, 저리다, (신체의 일부분이) 말을 듣지 않다
　　　　　　　[비유] (반응이) 둔하다, 더디다, 무감각하다

光 [guāng] 부 단지, 다만, 다만 ~뿐

顾 [gù] 동 뒤돌아보다, 돌이켜보다, 바라보다, 회고하다, 돌보다, 보살펴 주다, 주의하다, 배려하다

大蛎贝 [dàlìbèi] 명 굴조개

要不是 [yàobúshì] 접 ~이(가) 아니라면(아니었다면)

赶上 [gǎnshàng] 동 따라잡다, 따라붙다, 추월하다, 우연히 만나다, 마주치다

万念俱灰 [wànniànjùhuī] [성어] 모든 생각과 계획이 다 깨지다, (충격이나 실의로) 모든 의욕을
　　　　　　　　　　 상실하다, 극단적으로 낙담하다

轮 [lún] 동 (순서에 따라) 교체하다, 교대로 하다, 순번이 되다, 차례가 되다

●●●설명

○轮不上 : '차례, 순번이 되지 못 하다'.

○谈婚论嫁 : '결혼에 대해서 이야기 하다'.

笑笑：告诉我，你为什么可以允许自己的女朋友心里挂着别人啊？

Gàosu wǒ, nǐ wèishénme kěyǐ yǔnxǔ zìjǐ de nǚpéngyou xīn lǐ guàzhe biérén a？

你喜欢我什么？

Nǐ xǐhuan wǒ shénme？

秦奋：我说过喜欢你吗？

Wǒ shuōguo xǐhuan nǐ ma？

笑笑：要诚实。这是我们今后能在一起的前提。

Yào chéngshí。Zhè shì wǒmen jīnhòu néng zài yìqǐ de qiántí。

秦奋：我想娶你的前提就是因为找不着比你还傻的人。

Wǒ xiǎng qǔ nǐ de qiántí jiù shì yīnwèi zhǎobuzháo bǐ nǐ hái shǎ de rén。

笑笑：我以后不会再这么傻了。

Wǒ yǐhòu bú huì zài zhème shǎ le。

秦奋：你呀，想三心二意还真没那本事。

Nǐ yā, xiǎng sānxīn'èryì hái zhēn méi nà běnshì。

逢场作戏你都不会。全写脸上了。

Féngchǎngzuòxì nǐ dōu bú huì。Quán xiě liǎnshàng le。

我把话放这儿。他这一页你是还没有翻过去。

Wǒ bǎ huà fàng zhèr。Tā zhè yí yè nǐ shì hái méiyǒu fānguoqù。

一旦翻到新的这一页，你照样会一心一意。

Yídàn fāndào xīn de zhè yí yè, nǐ zhàoyàng huì yìxīnyíyì。

我就是看准了这一条，才容忍你现在的表现。

Wǒ jiù shì kànzhǔn le zhè yì tiáo, cái róngrěn nǐ xiànzài de biǎoxiàn。

你傻，我可不傻。

Nǐ shǎ, wǒ kě bù shǎ。

笑笑 : 말해 봐요. 당신은 왜 자기 여자친구의 마음 속에 다른 사람이 있는 것을 허락한 거죠? 당신은 내 어디가 그렇게 좋은 거에요?

秦奋 : 내가 언제 좋아한다고 했었던가요?

笑笑 : 좀 진실해 보세요. 이건 우리가 이제부터 함께 지낼 수 있는 전제가 되거든요.

秦奋 : 내가 당신을 아내로 맞고싶은 전제는 바로 당신보다 더 바보같은 여자를 찾을 수 없기 때문이요.

笑笑 : 저도 이제 다시는 이렇게 바보스럽지 않을 거에요.

秦奋 : 당신이란 여자는 말이죠. 딴마음을 품고 싶어도 정말 그럴만한 재주가 없는 여자예요. 기회를 잡아 치고 들어오는 데도 영 서툴구요. 얼굴에 다 쓰여있어요! 여기까지만 하죠. 당신은 그 남자를 아직 잊지 못 했다구요.

당신은 일단 새남자를 만나고 나면, 그 남자에게도 원래처럼 일편단심이 돼버릴 거에요. 나는 바로 이 점을 정확히 본 것이기 때문에, 지금 당신의 이런 모습을 허락할 수 있는 거에요. 당신은 어리석을지 몰라도 난 아니에요.

••• 단어

挂 [guà] [동] (고리, 못 따위에) 걸다, 붙어 있다, 덮여 있다, 띠고 있다
诚实 [chéngshí] [형] 진실하다, 참되다, 성실하다
前提 [qiántí] [명] 전제, 전제 조건, 선결 조건
三心二意 [sānxīnèryì] [성어] 마음 속으로 확실히 정하지 못하다, 딴마음을 품다, 우유부단하다, 망설이다
本事 [běnshi] [명] 능력, 재능, 기량, 수완, 재주
逢场作戏 [féngchǎngzuòxì] [성어]적합한 장소를 만나 연기를 하다, 기회가 생긴 김에 끼어들어 놀다, 즉흥적으로 얼버무리다
翻 [fān] [동] 뒤집다, 뒤집히다, 전복하다, 뒤지다, 헤집다, 들추다, 뒤적이다, 펼치다
一旦 [yídàn] [부] 일단(만약) ~한다면 (아직 일어나지 않은 가정의 상황을 표현)
一心一意 [yìxīnyíyì] [성어] 한마음 한뜻으로, 전심전력으로 [=全心全意]
准 [zhǔn] [형] 정확하다, 틀림없다, 확실하다, 확정적이다
容忍 [róngrěn] [동] 용인하다, 참고 견디다, 참고 용서하다, 허용하다

••• 설명

○ 看准 : 결과보어식. '准'은 동작 '看'의 결과를 표현함. '똑바로 보다', '정확히 보다'.

笑笑：那要是我接受了教训变聪明了呢？

Nà yàoshi wǒ jiēshòu le jiàoxùn biàn cōngmíng le ne？

你这如意算盘不就落空了。

Nǐ zhè rúyìsuànpán bú jiù luòkōng le。

秦奋：那呀，明天我就把你卖给北海道的土人，让你一辈子伺候他们捕鱼狩猎。

Nà yā，míngtiān wǒ jiù bǎ nǐ mài gěi Běihǎidào de tǔrén，ràng nǐ yíbèizi cìhou tāmen bǔyú shòuliè。

生一大堆孩子，风吹日晒，风餐露宿，风里来雨里去，食不果腹，衣不遮体。

Shēng yí dà duī háizi，fēngchuīrìshài，fēngcānlùsù，fēng lǐ lái yǔ lǐ qù，shíbùguǒfù，yībùzhētǐ。

想逃跑，抓回来就是一顿毒打。

Xiǎng táopǎo，zhuāhuílai jiù shì yí dùn dúdǎ。

三年就把你折磨成一个又黑又瘦，谁见了都躲的干巴小老太太。

Sān nián jiù bǎ nǐ zhémóchéng yí ge yòu hēi yòu shòu，shéi jiàn le dōu duǒ de gānbā xiǎo lǎotàitai。

笑笑 : 그럼 만일 내가 충고를 받아 들여서 총명해진다면요? 그쪽은 산통 다 틀어지는거 아닌가요?

秦奋 : 그렇다면, 내일 당장이라도 당신을 홋카이도 원주민에게 팔아 넘겨서, 평생 동안 그들 밑에서 물고기 잡고 사냥하면서 살게 만들어야겠군요. 애도 한 무더기 많이 낳고, 바람 불고 햇볕 내리쬐는 데서 풍찬노숙하고, 비바람 다 맞아가며, 배곯고 헐벗어야 될 걸요! 도망가려다 걸리면 붙잡혀 와서 실컷 몰매질을 당할 것이고. 삼 년만 지나면 검게 타고 바싹 야윈 꼴이 되어서, 누구라도 볼라치면 숨어버리고만 싶은 꼬부랑 할망구 꼴이 될 것이요.

●●● 단어

教训 [jiàoxùn] 몡툉 교훈, 교훈하다, 가르치고 타이르다, 훈계하다, 꾸짖다

聪明 [cōngming] 휑 똑똑하다, 총명하다, 영리하다, 영민하다

如意算盘 [rúyìsuànpán] [성어] 좋은쪽으로 생각하다, 뜻대로 되기만을 바라는 마음

落空 [luòkōng] 툉 수포로 돌아가다, 허사가 되다, 물거품이 되다

土人 [tǔrén] 몡 토인, 토착인, 원주민, 토박이

伺候 [cìhou] 툉 시중들다, 모시다, 돌보다, 보살피다

捕鱼 [bǔyú] 툉 어로하다, 물고기를 잡다

狩猎 [shòuliè] 툉 사냥(수렵)하다

堆 [duī] 양몡툉 더미, 무더기, 무리, 떼, 쌓아 놓은 더미, 무더기, 쌓다, 쌓이다

风吹日晒 [fēngchuīrìshài] [성어] 바람이 불고 햇볕이 내리쬐다

风餐露宿 [fēngcānlùsù] [성어] 바람과 이슬을 맞으며 한 데 잠을 자다, 풍찬노숙하다

食不果腹 [shíbùguǒfù] [성어] 배불리 먹지 못하다, 생활이 어렵다

衣不遮体 [yībùzhētǐ] [성어] 옷이 몸을 가리지 못하다, 헐벗다, 극히 가난하다

抓 [zhuā] 툉 잡다, 쥐다, 체포하다, 붙잡다

毒打 [dúdǎ] 툉 심하게(혹독하게) 때리다, 흠씬 두들겨패다

折磨 [zhémó] 툉 (육체적, 정신적으로) 고통스럽게 하다, 괴롭히다, 못살게 굴다

干巴 [gānba] 휑 (말라서) 딱딱하다, 시들다, 쪼글쪼글하다, 쭈그러들다, 오그라들다

●●● 설명

○ 顿 [dùn] : 量词 1. 끼니 (식사의 횟수)　一天吃三~饭　∣　~~是大米白面

　　　　　　　　2. 번, 차례 (질책, 권고, 매도의 횟수)　骂了一~　∣　打了两~

还有难听的呢，你听吗？

Hái yǒu nántīng de ne, nǐ tīng ma？

我就是因为你长得好看，想跟你玩玩，你接受吗？你玩得起吗？

Wǒ jiù shì yīnwèi nǐ zhǎngde hǎokàn, xiǎng gēn nǐ wánrwanr, nǐ jiēshòu ma？

Nǐ wánrdeqǐ ma？

三心二意，貌合神离，你是我对手吗？

Sānxīn'èryì, màohéshénlí, nǐ shì wǒ duìshǒu ma？

你信不信？我心里装着八个女的，你都看不出来。

Nǐ xìn bú xìn？Wǒ xīn lǐ zhuāngzhe bā ge nǚde, nǐ dōu kànbuchulái。

我有什么落空不落空的啊？

Wǒ yǒu shénme luòkōng bú luòkōng de a？

你不拿我当回事儿，我就把你当送上门的一个便宜给占了呗。

Nǐ bù ná wǒ dāng huí shìr, wǒ jiù bǎ nǐ dāng sòngshang mén de yí ge piányi gěi zhàn le bei。

邬桑：怎么说着说着急了，真是的。

Zěnme shuōzhe shuōzhe jí le, zhēnshì de。

秦奋：跟我臭来劲，不说点难听的真找不着北了。

Gēn wǒ chòu lái jìn, bù shuō diǎnr nántīng de zhēn zhǎobuzháo běi le。

邬桑：你认真了。

Nǐ rènzhēn le。

秦奋：你坐，你坐。你甭管! 你甭管!

Nǐ zuò, nǐ zuò。Nǐ béng guǎn! Nǐ béng guǎn!

아직 험한 말이 덜 끝났는데, 더 들으실래요?

난 그냥 당신이 예쁘니까 당신하고 좀 놀고싶은 것인데, 받아 들일 수 있겠어요?

놀 수 있겠냐구요? 속으론 딴 마음을 품고, 겉으로만 친한 척, 내 적수가 되겠냐구요?

믿을 수 있어요? 내 마음 속에 여덟 명의 여자가 있다 하더라도, 당신은 알아차리지 못 할 거요.

나한테 무슨 물거품이 되고 말고가 있겠어요? 당신이 나를 아무 취급도 안 해주니, 나는 그냥 당신을 목전에 굴러 온 떡으로 알고 같이 잠이나 자야겠소.

邬桑 : 무슨 말을 했길래 저러는 거야, 진짜?

秦奋 : 나한테 쓸데없이 잘난 척하잖아. 뼈 있는 소리 안 해주면 정말 제멋대로겠어.

邬桑 : 너무 진지해.

秦奋 : 됐어. 앉아 앉아. 너는 상관할 필요 없어!

●●●**단어**

难听 [nántīng] 휑 (소리가) 듣기 거북하다, 듣기 싫다, 귀에 거슬리다

貌合神离 [màohéshénlí] [성어] 겉으로는 친한 것 같지만, 속으로는 각자 딴마음이 있다, 서로
의좋은 듯하나 속은 딴판이다

对手 [duìshǒu] 똉 상대, 적수, 호적수

送上门 [sòngshàngmén] 똉 상품을 집까지 배달하다, 상품을 목적지까지 확실히 보내 주다, 날라다
주다

呗 [bei] 조 [방언] ~할 따름이다, ~뿐이다, 그만이다

臭 [chòu] 휑똉 역겹다, 꼴불견이다, 얄밉다, 졸렬하다, 조잡하다, 나쁘다, 형편 없다, (냄새가) 지독
하다, 구리다, 역겹다

来劲(儿) [láijìnr] 똉휑 [방언] 힘이 솟다, 기운이 나다, 득의양양해지다, 강경해지다, 화를 내다,
신명나다, 흥겨워하다, 격동시키다, 흥분시키다, 성하다

●●●**설명**

○玩得起 : '놀 수 있다'. 'V得起'에서 '得起'는 재정능력이 충분하여 '~할 수 있다'의 의미를
나타냄.

○当事 : '중요히 여기다', '일을 관리하다', '책임을 지다'. 没当回事 : '소홀히 취급하다'.

○找不着北 : '정신이 하나도 없다', '방향을 못 찾다', '녹다운시키다', '어쩔 줄 몰라 하다'.

34

邬桑：多好的机会啊！你应该喝完这酒，接着邀请笑笑一起泡个露天温泉。

Duō hǎo de jīhuì a! Nǐ yīnggāi hēwán zhè jiǔ, jiēzhe yāoqǐng Xiàoxiao yìqǐ pào ge lùtiān wēnquán。

秦奋：我哪那么不仗义啊？我得陪着你啊。

Wǒ nǎ nàme bú zhàngyì a？ Wǒ děi péizhe nǐ a。

邬桑：别扯淡啦!

Bié chědàn la!

秦奋：这回我是准备正经娶她当媳妇的。

Zhè huí wǒ shì zhǔnbèi zhèngjīng qǔ tā dāng xífù de。

不敢轻举妄动。她这样的，心不给你，身体就不可能给你。话说回来了。

Bù gǎn qīngjǔwàngdòng。 Tā zhèyang de, xīn bù gěi nǐ, shēntǐ jiù bù kěnéng gěi nǐ。 Huà shuō huílai le。

一旦她把心给你，你的身体就算判了无期徒刑了。

Yídàn tā bǎ xīn gěi nǐ, nǐ de shēntǐ jiù suàn pàn le wúqītúxíng le。

我还是趁着宣判之前啊，自由会儿吧。

Wǒ háishi chènzhe xuānpàn zhī qián a, zìyóu huìr ba。

34

邬桑 : 얼마나 좋은 기회냐! 술 다 마시고 나면 샤오샤오하고 같이 노천온천욕이나
해라.

秦奋 : 내가 그렇게 의리없는 놈이냐? 그냥 너하고 같이 있을래.

邬桑 : 허튼 소리 집어 치워!

秦奋 : 이번에야말로 저 여자를 정식으로 마누라로 들일 생각이야. 경거망동할 수는
없지. 그 여자가 이렇게 마음을 주지 않으면, 몸은 절대 주지 않을 거라구. 다
시 말해서, 그녀가 일단 마음을 주고 나면, 내 몸은 곧 무기징역을 선고받은
것이나 다름 없는 거야. 난 구형이 떨어지기 전에 자유를 좀 만끽하고 싶을 뿐
이다 이거야.

●●● 단어

邀请 [yāoqǐng] 동 초청하다, 초대하다

泡 [pào] 동명 물(액체)에 담가 두다, 거품, 포말

露天 [lùtiān] 명 옥외, 노천

温泉 [wēnquán] 명 온천

扯淡 [chědàn] 동 한담하다, 잡담하다, 쓸데없는 소리를 하다, 허튼소리를 하다

轻举妄动 [qīngjǔwàngdòng] [성어] 경거망동하다

无期徒刑 [wúqītúxíng] 명 무기 징역

趁 [chènzhe] 전동 ~을(를) 틈타, (시간, 기회 등을) 이용하여, 따라잡다

宣判 [xuānpàn] 동 판결을 선고하다

●●● 설명

○多 : 조 '얼마나 ~한지', '아무리 ~해도'. 감탄문에 쓰여 정도가 매우 높음을 표시함.

○娶她当媳妇 : 연동구조. '그녀를 들여 아내로 삼다'.

○趁着~ : '~을 틈타', '~을 빌어서', '~을 이용하여'.

邬桑：你喜欢她什么啊？

　　Nǐ xǐhuan tā shénme a？

秦奋：心眼实诚啊。

　　Xīnyǎn shíchéng a。

邬桑：得了吧。你就看人家长得好看。

　　Dé le ba。Nǐ jiù kàn rénjia zhǎngde hǎokàn。

秦奋：我就图她长得好看，又怎么了？

　　Wǒ jiù tú tā zhǎngde hǎokàn，yòu zěnme le？

　　我为我们老秦家改良后代，有什么错啊？

　　Wǒ wèi wǒmen lǎo Qínjiā gǎiliáng hòudài，yǒu shénme cuò a？

　　非找一难看的啊？

　　Fēi zhǎo yì nánkàn de a？

　　天天想着怎么越狱你就舒服啦？

　　Tiāntiān xiǎngzhe zěnme yuèyù nǐ jiù shūfu la？

　　你说这四个，哪个长得好看啊？都挺可人疼的。

　　Nǐ shuō zhè sì ge，nǎ ge zhǎngde hǎokàn a？Dōu tǐng kěrénténg de。

邬桑：夏代，夏代漂亮。

　　Xiàdài，Xiàdài piàoliang。

秦奋：我，春子。

　　Wǒ，chūnzǐ。

邬桑 : 넌 그 여자자 뭘 그리 좋은데?

秦奋 : 마음이 착하잖아.

邬桑 : 됐네요. 외모에 홀딱 넘어간 주제에.

秦奋 : 예뻐서 쫓아 다녔다면 그게 또 뭐 어때서?

우리 친씨 집안의 후손을 좀 개량해보려는데, 뭐가 잘못 됐냐?

나라고 맨날 호박만 고르란 법 있어?

날마다 어떻게 일탈할 건지를 생각해야 편해지겠냐?

이 넷 중에 누가 제일 이쁜것 같냐? 모두 끝내 주는데.

邬桑 : 샤따이, 샤따이가 예쁘네.

秦奋 : 나는 춘즈.

●●● 단어

实诚 [shícheng] 휑 성실하다, 진실되다

图 [tú] 동 계획하다, 도모하다, 바라다, 꾀하다, 탐내다

改良 [gǎiliáng] 동명 개량하다, 개선하다, 개량, 개혁, 혁신

后代 [hòudài] 명 후대, 후세, 후손, 자손

难看 [nánkàn] 휑 못생기다, 보기 싫다, 흉하다, 꼴사납다

越狱 [yuèyù] 동 (수감자가) 탈옥하다

可人疼 [kěrénténg] 휑 사랑할 만하다

●●● 설명

○ 图她长得好看 : '她长得好看'은 '图'의 목적절.

○ 非找一难看的啊? : '非'는 부사로서 뒤에 '不' 없이 단독으로 '반드시 ~하지 않으면 안된 다', '반드시', '꼭' 등의 의미를 나타낼 수 있다.

（日语）

邬桑：打扰了。可以进来吗？

女人1：欢迎光临。请进，请进!

邬桑：哟，今天好清闲啊!

女人1：还没有到时候呢。请坐，请坐!

邬桑：是不是可以把夏代和春子过来一起喝酒啊？

女人1：啊，我就是夏代。那边是春子。她是秋美。

女人2：我是秋美。

女人1：还有雪江。

邬桑：那么外边的招牌上....

男人：那张照片呀，可是四十年前照的。

邬桑：真的吗？

女人1：以前我们在东京是个很红的组合，名叫四季。

男人：上她们的当了吧？

女人1：我们关系很好，一直到现在还在一起。看我们是四个美人吧。

邬桑：美人，美人。哦，是这样啊。

(日语)

鄔桑 : 실례합니다. 들어가도 돼나요?

女人1 : 어서 오십시오. 안으로 들어 오세요.

鄔桑 : 오! 오늘은 손님이 좀 뜸하네요.

女人1 : 아직 시간이 일러서요. 앉으세요!

鄔桑 : 샤따이와 춘즈하고 같이 술 마실 수 있죠?

女人1 : 아, 제가 바로 샤따이구요. 저 쪽은 춘즈. 저 쪽은 치우메이에요.

女人2 : 제가 치우메이입니다.

女人1 : 쒸에장도 있어요.

鄔桑 : 그럼... 저 밖에 간판은....

男人 : 그 사진은요, 40년 전에 찍은 거라구요.

鄔桑 : 정말이에요?

女人1 : 옛날에 우리는 동경에서 아주 잘 나가던 시스터즈였다구요. '포시즌'이라고...

男人 : 속았지롱!

女人1 : 우리는 사이가 너무 좋다보니 지금까지 함께 하게 된 거구요. 우리 다들 미인이 죠?

鄔桑 : 미인이에요, 미인. 오, 그런 거군요.

秦奋：四姐妹呢？

　　　　Sì jiěmèi ne？

邬桑：都在这儿呢。她就是夏代。

　　　　Dōu zài zhèr ne。Tā jiù shì Xiàdài。

　　　　那个唱歌的就是你喜欢的春子。

　　　　Nà ge chànggē de jiù shì nǐ xǐhuan de chūnzǐ。

秦奋：怎么都是老太太啊？

　　　　Zěnme dōu shì lǎotàitai a？

邬桑：外面灯箱的照片是她们四十年前照的。

　　　　Wàimiàn dēngxiāng de zhàopiàn shì tāmen sìshí nián qián zhào de。

　　　　四十年前她们是一个非常红的组合。

　　　　Sìshí nián qián tāmen shì yí ge fēicháng hóng de zǔhé。

　　　　退了休以后到了北海道，开了一间居酒屋。

　　　　Tuì le xiū yǐhòu dào le Běihǎidào，kāi le yì jiān jūjiǔwū。

秦奋：那咱们走吧。

　　　　Nà zánmen zǒu ba。

邬桑：别别别! 现在走多不好啊! 没礼貌。

　　　　Bié bié bié! Xiànzài zǒu duō bù hǎo a! Méi lǐmào。

　　　　你看她们多热情。喝一杯。你喝什么？

　　　　Nǐ kàn tāmen duō rèqíng。Hē yì bēi。Nǐ hē shénme？

秦奋：不喝清酒了。喝点威士忌。

　　　　Bù hē qīngjiǔ le。Hē diǎnr wēishìjì。

邬桑：温莎威士忌怎么样？

　　　　Wēnshā wēishìjì zěnmeyàng？

秦奋：行。

　　　　Xíng。

秦奋 : 네 자매들은?

邬桑 : 모두 여기 있다는데! 저 분이 샤따이.

저기 노래 부르는 분이 바로 자네가 마음에 들어하는 춘즈이고.

秦奋 : 왜 죄다 할머니들 뿐이야?

邬桑 : 밖에 네온간판 사진은 40년 전에 찍은 거래. 40년 전에는 꽤 유명했던 그룹이

었는데, 은퇴한 후로는 홋카이도로 와서 이 술집을 열었다는구만.

秦奋 : 그럼 가자.

邬桑 : 안 돼, 이러지 마! 지금 나가버리면 얼마나 무안하겠어! 예의없게 말이야.

봐봐, 얼마나 열정적인 분들이야. 한 잔만 하고 가자구. 뭐 마실래?

秦奋 : 청주는 안 마실래. 위스키나 한 잔 하지 뭐.

邬桑 : 윈저위스키 어때?

秦奋 : 좋아.

●●● 단어

老太太 [lǎotàitai] 명 노부인, 노마님

灯箱 [dēngxiāng] 명 네온 광고물, 네온 간판, 조명 간판

红 [hóng] 형 인기가 있다, 명성이 있다, 잘 팔리다

组合 [zǔhé] 명 조합, 그룹

退休 [tuìxiū] 동 퇴직하다, 퇴임하다, 은퇴하다

礼貌 [lǐmào] 명형 예의, 예의범절, 예의바르다

热情 [rèqíng] 형명 열정적이다, 친절하다, 다정하다, 열정, 열의

清酒 [qīngjiǔ] 명 청주, 맑은 술

威士忌 [wēishìjì] 명 위스키(Whisky)

温莎 [wēnshā] 명 'Windsor'의 음역

●●● 설명

○外面灯箱的照片是她们四十年前照的 : '是~的' 강조구문.

○不喝清酒了 : '不~~了'형식. '~하지 않게 되었다'. '了'는 상황, 상태의 변화를 나타내는

어기조사.

邬桑：麻烦来一瓶温莎威士忌。（日语）

女人：好的。

秦奋：加冰块，不加绿茶。

Jiā bīng kuài, bù jiā lǜchá。

秦奋：把四十年前的照片挂出来晃我们。

Bǎ sìshí nián qián de zhàopiàn guàchulai huàng wǒmen。

快请进来! 美女啊! 干杯，干杯!

Kuài qǐng jìnlai! Měinǚ a! Gānbēi, Gānbēi!

鄔桑：(日语) 실례합니다, 위스키 한 병 부탁드릴게요.

女人：네.

秦奋：얼음 타서 마시자, 녹차는 타지 말고.

秦奋：40년 전 사진을 내걸어놓고 우리를 흔들어 놓다니.
　　　 어서 들어와요! 아가씨! 건배! 건배!

●●● 단어

冰块 [bīngkuài] 명 얼음덩이, 아이스

晃 [huàng] 동 흔들다, 흔들리다, 젓다, 요동하다

干杯 [gānbēi] 동 건배하다, 잔을 비우다, 축배를 들다

35

笑笑：这是一首励志的歌啊。

　　　Zhè shì yì shǒu lìzhì de gē a。

　　　怎么让你们唱得那么绝望啊？

　　　Zěnme ràng nǐmen chàngde nàme juéwàng a？

秦奋：四姐妹，加起来有三百岁了。能不绝望吗？

　　　Sì jiěmèi，jiāqilai yǒu sānbǎi suì le。Néng bù juéwàng ma？

笑笑：你带女朋友出来旅行，自己偷偷跑出去找人陪酒，夜不归宿。

　　　Nǐ dài nǚpéngyou chūlai lǚxíng，zìjǐ tōutōu pǎochuqu zhǎo rén péi jiǔ，yè bù guīsù。

　　　有你这么谈恋爱的吗？

　　　Yǒu nǐ zhème tán liàn'ài de ma？

　　　你这叫有诚意啊？

　　　Nǐ zhè jiào yǒu chéngyì a？

秦奋：我这叫以其人之道还治其人之身。

　　　Wǒ zhè jiào yǐ qírénzhīdào huán zhì qírénzhīshēn。

　　　我都允许你心里有别人了。

　　　Wǒ dōu yǔnxǔ nǐ xīn lǐ yǒu biérén le。

　　　你就不能允许我的身体也开个小差儿。

　　　Nǐ jiù bù néng yǔnxǔ wǒ de shēntǐ yě kāi ge xiǎochàr。

笑笑：无耻!

　　　Wú chǐ!

秦奋：你要是弃暗投明向我靠拢，我保证，就是张曼玉，加安吉丽娜·茱莉，加苏菲·玛索，加一林志玲她们姐四个，陪我喝酒我都不喝。

　　　Nǐ yàoshi qì'àntóumíng xiàng wǒ kàolǒng，wǒ bǎozhèng，jiù shì Zhāngmànyù，jiā Ānjílìnà Zhūlì，jiā Sūfēi Mǎsuǒ，jiā yì línzhìlíng tāmen jiě sì ge，péi wǒ hē jiǔ wǒ dōu bù hē。

35

笑笑 : 이건 용기를 북돋는 노래인데, 당신들은 어떻게 그렇게 절망적으로 부르세요?

秦奋 : 네 자매라... 합하면 삼백 살은 되겠던데, 절망하지 않을 수 있겠어요?

笑笑 : 여자친구를 데리고 여행와 놓고, 몰래 빠져 나가 술 마시며 외박을 하다니요.
당신처럼 이렇게 연애하는 사람도 있나요? 성의가 없어도 분수가 있지.

秦奋 : 우린 이런 걸 '그 때 상황에 맞게 대응한다'라고 하지요.
나는 당신 마음 속에 다른 남자가 있는 걸 이미 허락했는데, 당신은 내가 잠깐
한눈 파는 것도 허락하지 못 하겠다니.

笑笑 : 뻔뻔스럽군요!

秦奋 : 만일 마음을 바로 잡고 나한테 다가서기만 한다면, 내가 약속하리다. 장만옥에
다가 안젤리나 졸리, 소피 마르소, 린즈링까지 네 여자가 술시중을 들어줘도
난 술 안 마실 겁니다.

●●●단어

励志 [lìzhì] 동 자신을 고무하다, 스스로 분발하다

绝望 [juéwàng] 동명 절망하다, 절망

偷偷 [tōutōu] 부 남몰래, 살짝, 슬쩍, 슬그머니, 넌지시, 슬며시

开小差 [kāixiǎochāi] 근무지를 무단으로 이탈하다, 정신이 집중되지 않다, 정신을 팔다, 한눈을
팔다

无耻 [wúchǐ] 형 염치 없다, 부끄러움을 모르다, 수치를 모르다, 뻔뻔스럽다

弃暗投明 [qì'àntóumíng] [성어] 암흑을 박차고 광명을 찾다, 못된 세력과 단절하고 옳은 길을 가다

靠拢 [kàolǒng] 동 (간격을) 좁히다, 좁혀지다, 접근하다, 모이다, 가까이 다가서다

张曼玉 [Zhāngmànyù] 고 장만옥. 중국 홍콩의 유명 여배우

安吉丽娜 · 茱莉 [Ānjílìnà Zhūlì] 고 안젤리나 졸리. 미국 유명 여배우

苏菲 · 玛索 [Sūfēi Mǎsuǒ] 고 소피 마르소. 프랑스 유명 여배우

林志玲 [Línzhìlíng] 고 린즈링. 중국 대만의 인기 여배우

●●●설명

○以其人之道，还治其人之身 : '그 사람의 방식으로 그 사람을 다스리다', '그 사람이 주장하
는 도리로 그 사람을 대응하다'.

邬桑：你不喝一杯？你喝十杯!

Nǐ bù hē yì bēi？ Nǐ hē shí bēi!

你摸摸他是不是发烧了。怎么开始说胡话了。

Nǐ mōmo tā shì bú shì fāshāo le。Zěnme kāishǐ shuō húhuà le。

笑笑：哎呀! 真可怜! 心里想的跟实际见到的差距太大了。

Āiyā! Zhēn kělián! Xīn lǐ xiǎng de gēn shíjì jiàndào de chājù tài dà le。

要不要帮你找个心理医生呢？

Yào bú yào bāng nǐ zhǎo ge xīnlǐyīshēng ne？

秦奋：什么药都医治不了我心理的创伤。

Shénme yào dōu yīzhìbuliǎo wǒ xīn lǐ de chuāngshāng。

你就是我最好的药。

Nǐ jiù shì wǒ zuì hǎo de yào。

笑笑：你就不怕我是毒药？

Nǐ jiù bú pà wǒ shì dúyào？

秦奋：毒药也得喝啊。别人折磨你，你又折磨我。

Dúyào yě děi hē a。Biérén zhémó nǐ，nǐ yòu zhémó wǒ。

这就是命中注定。孽缘呢!

Zhè jiù shì mìngzhōngzhùdìng。Nièyuán ne!

邬桑 : 네가 안 마신다고? 열 잔은 마시겠다!
열 나는지 손 좀 얹어 봐요. 무슨 헛소리를 하는 거야.

笑笑 : 아이고! 정말 불쌍하네요!
마음 속에 생각한 것과 실제로 본 것의 차이가 너무 크네요. 정신과 의사 좀 찾아 드릴까요?

秦奋 : 어떠한 약도 내 마음 속의 상처를 치료할 수는 없죠.
당신이 바로 내 인생 최고의 약이에요.

笑笑 : 내가 독약이라면 어쩌려구요?

秦奋 : 독약이라도 마셔 드려야죠. 다른 사람이 당신을 힘들게 하면, 당신은 또 나를 힘들게 하고.... 이런 게 바로 숙명적 사랑 아닐까요? 악연이로다!

●●● 단어

摸 [mō] [동] (손으로) 짚어 보다, 어루만지다, 쓰다듬다, 더듬다, 더듬어 찾다
发烧 [fāshāo] [동] 열이 나다 [=发热]
胡话 [húhuà] [명] 헛소리, 허튼소리, 근거 없는 말, 터무니없는 말
差距 [chājù] [명] 격차, 차이, 차, 거리 차, 갭
心理医生 [xīnlǐyīshēng] [명] 정신과 의사
医治 [yīzhì] [동] 치료하다
创伤 [chuāngshāng] [명] 상처, 외상(外傷), 정신적 · 물질적 상처나 훼손
毒药 [dúyào] [명] 독약
孽缘 [nièyuán] [명] 악연

●●● 설명

○命中注定 : [성어] '운명으로 정해져 있다', '숙명적이다'

○医治不了 : '치료할 수 없다'. 'V不了', '~할 수 없다'.

36

秦奋：哎！这一路上我看好几回了，我都没说。

Āi! Zhè yí lù shàng wǒ kàn hǎo jǐ huí le, wǒ dōu méi shuō。

这是教堂吗？怎么那么小啊？

Zhè shì jiàotáng ma？Zěnme nàme xiǎo a？

邬桑：这个是忏悔用的。

Zhè ge shì chànhuǐ yòng de。

秦奋：忏悔用的？

Chànhuǐ yòng de？

邬桑：很多大城市的人啊，干了坏事，良心不安，来北海道旅行的时候都会进行忏悔。

Hěn duō dà chéngshì de rén a, gàn le huàishì, liángxīn bù ān, lái Běihǎidào lǚxíng de shíhou dōu huì jìnxíng chànhuǐ。

把罪恶说出来，希望得到宽恕。

Bǎ zuì'è shuōchulai, xīwàng dédào kuānshù。

36

秦奋 : 야! 오는 길에 몇 번을 보고도 못 물어 본 게 있는데 말야.

이게 교회니? 어떻게 저렇게 작지?

邬桑 : 참회용으로 지어진 교회라 그래.

秦奋 : 참회용이라고?

邬桑 : 대도시 사람들이란 말이야, 악행을 저질러 놓고는 양심에 찔리니까, 홋카이도

로 여행 온 김에 참회를 하는 거지.

그동안 지은 죄악을 다 뱉어 내고는, 용서받기를 바라는 거지 뭐.

●●●단어

一路 [yílù] 몡 도중, 노중(路中), 여정

教堂 [jiàotáng] 몡 교회(당), 예배당, 성당

忏悔 [chànhuǐ] 동 참회하다, 뉘우치다, 회개하다

大城市 [dàchéngshì] 몡 대도시 (대개 인구 50만 이상의 도시를 가리킴)

坏事 [huàishì] 몡동 나쁜 일, 해로운 일, 일을 망치다(그르치다)

良心 [liángxīn] 몡 양심, 선량한 마음

不安 [bù'ān] 형 불안하다, 편안하지 않다, 안정되지 못하다

罪恶 [zuì'è] 몡 죄악

宽恕 [kuānshù] 동 너그러이 용서하다, 너그럽게 봐주다, 관용을 베풀다

●●●설명

○得到 : 술어 '得'+결과보어 '到'가 결합되어 만들어진 형태.

'얻다', '받다', '획득하다', '취득하다', '거두다', '차지하다', '손에 넣다'.

笑笑：你也做过不少坏事吧？应该好好忏悔一下。

　　　Nǐ yě zuòguo bù shǎo huàishì ba？ Yīnggāi hǎohāo chànhuǐ yí xià。

　　　洗心革面，重新做人。

　　　Xǐxīngémiàn， chóngxīnzuòrén。

邬桑：去吧。反正他们也听不懂中国话。

　　　Qù ba。Fǎnzhèng tāmen yě tīngbudǒng zhōngguóhuà。

　　　你呀，可以把你干的坏事都说出来，省得堵在心里老做噩梦。

　　　Nǐ yā, kěyǐ bǎ nǐ gàn de huàishì dōu shuōchulai, shěngde dǔ zài xīn lǐ lǎo zuò

　　　èmèng。

笑笑：去吧! 上帝比警察宽容。

　　　Qù ba! Shàngdì bǐ jǐngchá kuānróng。

　　　我们不听，在这儿等你。

　　　Wǒmen bù tīng, zài zhèr děng nǐ。

邬桑：那么拜托您了。 （日语）

神父：好的。

秦奋：邬桑，你确定他肯定听不懂中国话吗？

　　　Wūsāng, nǐ quèdìng tā kěndìng tīngbudǒng zhōngguóhuà ma?

邬桑：放心吧。听得懂人家也不会给你传出去。

　　　Fàngxīn ba。Tīngdedǒng rénjia ye bú huì gěi nǐ chuánchuqu。

神父：请开始吧。 （日语）

秦奋：我要捐你们一千万你接受吗？

　　　Wǒ yào juān nǐmen yìqiān wàn nǐ néng jiēshòu ma?

神父：您可以讲英语吗？ （英语）

秦奋：十个一百万很多的。

　　　Shí ge yìbǎi wàn hěn duō de。

神父：不懂英文啊。 （英语）

笑笑 : 당신도 나쁜 일 많이 했군요? 마땅히 착실하게 회개하셔야죠.
　　　개과천선해서 새 사람이 되셔야죠.
邬桑 : 가 봐. 어차피 중국말도 못 알아 듣는데 뭐.
　　　너 말이야, 가서 네가 지은 죄들을 모두 말해 버려. 마음 속에 쌓아 두었다가
　　　악몽이나 꾸지 말고.
笑笑 : 그냥 가보라니까요! 하나님이 경찰보다는 더 너그럽잖아요.
　　　우리는 안 듣고 그냥 여기서 기다리고 있을 게요.

邬桑 : 그럼... 부탁 좀 드리겠습니다. (日语)
神父 : 알겠습니다.

秦奋 : 우쌍, 저 분 진짜로 우리말 못 알아 들으시는 거 확실하지?
邬桑 : 걱정 말아. 알아 듣는다 해도 절대 소문은 안 낼 거야.
神父 : 시작하시죠. (日语)
秦奋 : 제가 여기에 천만 원을 기부한다면 받으시겠어요?
神父 : 영어 하실 줄 아십니까? (英语)
秦奋 : 백만 원이 열 개라는 소린데...
神父 : 영어 못 하시는군요. (英语)

●●● 단어

洗心革面 [xǐxīngémiàn] [성어] 불건전한 생각을 버리고 면모를 바꾸다, 철저히 회개하다, 개과천선
　　　　　하다 [=革面洗心]
重新做人 [chóngxīnzuòrén] [성어] 지난 날의 잘못을 털어 버리고 새 사람이 되다
省得 [shěngde] 접 ~하지 않도록, ~않기 위하여 (주로 뒷 단문의 시작에 쓰임)
堵 [dǔ] 동 막다, 틀어막다, 가로막다, 답답하다, 우울하다, 울적하다
噩梦 [èmèng] 명 악몽
上帝 [Shàngdì] 명 하나님, 상제, 상천
警察 [jǐngchá] 명 경찰, 경찰관
宽容 [kuānróng] 형 너그럽다, 포용력이 있다, 너그럽게 받아들이다
确定 [quèdìng] 형 확정하다, 확실히 결정을 내리다, 확정적이다, 확고하다
捐 [juān] 동 헌납하다, 부조하다, 기부하다

秦奋：给钱都不要。看来你还真是听不懂。

Gěi qián dōu bú yào。Kànlai nǐ hái zhēn shì tīngbudǒng。

那我就放心了。

Nà wǒ jiù fàngxīn le。

那我就从幼儿园干过的坏事开始说起吧。

Nà wǒ jiù cóng yòu'éryuán gànguo de huàishì kāishǐ shuōqǐ ba。

邬桑：秦奋是个特别好玩的人。

Qínfèn shì ge tèbié hǎowánr de rén。

这么多年了一点都没变，还那样。

Zhème duō nián le yìdiǎn dōu méi biàn，hái nà yàng。

和他在一起的这些天，让我想起了好多我们的青春往事。

Hé tā zài yìqǐ de zhè xie tiān，ràng wǒ xiǎngqǐ le hǎo duō wǒmen de qīngchūn

wǎngshì。

笑笑：他是一个挺真实的人。

Tā shì yí ge tǐng zhēnshí de rén。

邬桑：还挺浪漫。

Hái tǐng làngmàn。

满脑子尽是一些不切实际的想法。

Mǎn nǎozi jìn shì yì xie búqiè shíjì de xiǎngfǎ。

内心里，是个理想主义者。

Nèixīn lǐ，shì ge lǐxiǎngzhǔyìzhě。

要不然也不会都那么大了还没结婚。

Yàoburán yě bú huì dōu nàme dà le hái méi jiéhūn。

笑笑：结婚是靠缘分。

Jiéhūn shì kào yuánfèn。

再好没有缘分也走不到一起，这是命。

Zài hǎo méi yǒu yuánfèn yě zǒubudào yìqǐ，zhè shì mìng。

秦奋 : 돈을 준대도 싫다니. 보아하니 못 알아 들으시는 게 확실하네요. 그렇다면 일단
　　　안심이 되네요. 그럼 유치원 때 저지른 악행부터 시작해 보죠.

邬桑 : 친펀은 정말 재미있는 친구였어요. 이렇게 많은 세월이 흘렀는데도 하나도 안
　　　변했네요. 여전해요. 그와 같이 지낸 요며칠 간, 지난 젊은 시절 많은 일들이
　　　주마등처럼 떠오르네요.

笑笑 : 참 진실한 사람이에요.

邬桑 : 로맨틱하기도 하죠. 머리 속에는 온통 현실과 동떨어진 생각들로 가득해요.
　　　마음 속은 이상주의자임에 틀림 없어요. 그렇지 않다면 저렇게 나이 들도록
　　　결혼을 안 하진 않았을 거에요.

笑笑 : 결혼은 인연에 달린 거죠. 아무리 좋아도 인연이 없으면 함께 할 수 없는 것,
　　　이게 운명이죠 뭐.

●●●단어

幼儿园 [yòu'éryuán] 명 유치원, 유아원
好玩 [hǎowán] 형 재미있다, 흥미 있다, 귀엽다, 놀기가 좋다
往事 [wǎngshì] 명 지난 일, 옛일
浪漫 [làngmàn] 형 낭만적이다, 로맨틱하다
满脑子 [mǎnnǎozi] 명 온 머릿속, 머릿속 전체
尽是 [jìnshì] 동 전부(온통) ~이다
不切实际 [búqièshíjì] [성어] 실제에 맞지 않다, 현실에 부합되지 않다
理想主义 [lǐxiǎngzhǔyì] 명 이상주의
靠 [kào] 동 기대다, 의지하다, 접근하다, 다가서다, 닿다, 대다
缘分 [yuánfèn] 명 연분, 인연, 연

●●●설명

◦听不懂 : 가능보어식. '알아 들을 수 없다', '알아 듣지 못 하다'.
◦从~~开始说起 : '~~부터 말하기 시작하다'. 특히, '起'는 '～하기 시작하다'로서　다른
　　　　　　　　　동사 뒤에 붙어 동작행위의 시작을 나타내는 보어 역할을 함. 주로 '从',
　　　　　　　　　'由' 등과 함께 쓰임.
◦走不到 : 가능보어식. '갈 수 없다', '걸어 갈 수 없다'.

邬桑：他对你是真动心了。

Tā duì nǐ shì zhēn dòngxīn le。

一般的女孩子跟他，真的还对不上牙口。

Yìbān de nǚ háizi gēn tā, zhēnde hái duìbushang yákǒu。

我看你还行。希望你们俩能成。

Wǒ kàn nǐ hái xíng。Xīwàng nǐmen liǎ néng chéng。

他有没有跟你说过他有过一项发明？

Tā yǒu méi yǒu gēn nǐ shuōguo tā yǒuguo yí xiàng fāmíng？

特别有意思，还赚了一笔钱。

Tèbié yǒu yìsi, hái zhuàn le yì bǐ qián。

笑笑：我对他一点都不了解。就是有点一见如故。

Wǒ duì tā yìdiǎn dōu bù liǎojiě。Jiù shì yǒudiǎn yíjiànrúgù。

直觉告诉我，他是一个可以信赖的人。

Zhíjué gàosu wǒ, tā shì yí ge kěyǐ xìnlài de rén。

如果一定要结婚，又不可以跟自己爱的人在一起，也得找个知己吧。

Rúguǒ yídìng yào jiéhūn, yòu bù kěyǐ gēn zìjǐ ài de rén zài yìqǐ, yě děi zhǎo ge zhījǐ ba。

邬桑：你如果是这样的想法，我劝你还是不要选择秦奋。对他不公平。

Nǐ rúguǒ shì zhèyàng de xiǎngfǎ, wǒ quàn nǐ háishi bú yào xuǎnzé Qínfèn。Duì tā bù gōngpíng。

笑笑：我没有骗他。他接受。

Wǒ méiyǒu piàn tā。Tā jiēshòu。

邬桑：笑笑，我不知道你到底心里想爱一个什么样的人。

Xiàoxiao, wǒ bù zhīdao nǐ dàodǐ xīn lǐ xiǎng ài yí ge shénmeyàng de rén。

他是不是比秦奋更值得？

Tā shì bú shì bǐ Qínfèn gèng zhídé？

邬桑 : 저 사람은 당신에게 정말로 마음이 끌린 것 같아요.

보통 여자들이 저 사람을 따라가면 마음에 안 들어 하니요.

제가 보기엔 그쪽이 괜찮은 것 같은데. 두 사람이 잘 됐으면 좋겠네요.

저 사람이 자기 발명품이 있다는 얘기를 하던가요?

정말 재미있는 사람이에요, 그걸로 돈도 많이 벌었구요.

笑笑 : 저는 저 사람에 대해서 아무것도 몰라요. 단지 알고 지내던 사람 같다는 느낌 외에는요. 직감적으로 알 수 있는데, 믿을만한 사람인 것 같아요.

만일 반드시 결혼을 해야 한다면, 또한 자기가 사랑하는 사람과 함께 할 수 없다면, 자기를 이해해 주는 사람을 다시 찾아야겠죠.

邬桑 : 만일 그런 생각을 갖고 계신 거라면, 친편을 선택하진 마세요. 그건 저 친구한테 너무 불공평하니까요.

笑笑 : 저 사람을 속인 적은 없어요. 그가 받아 들인 거에요.

邬桑 : 샤오샤오씨, 저는 당신이 마음 속에 도대체 어떤 사람을 사랑하고 싶은 건지 알 수가 없네요. 그 사람이 저 친구 보다 더 가치있는 사람인가요?

●●● 단어

动心 [dòngxīn] 동 마음을 움직이다, 마음이 흔들리다, 심경에 변화가 생기다

牙口 [yákou] 명 (이빨의 숫자로 헤아리는) 가축의 나이, 노인의 치아 상태

成 [chéng] 동 완성하다, 성공하다, 이루다, ~이 되다, ~로 변하다

赚 [zhuàn] 동 (돈을) 벌다, (장사로) 돈을 벌다, 이윤을 남기다

了解 [liǎojiě] 동 자세하게 알다, 이해하다

一见如故 [yíjiànrúgù] [성어] 첫 대면에서 옛 친구처럼 친해지다, 옛 친구를 만난 것과 같다, 서로 의기투합하다

直觉 [zhíjué] 명 직감, 본능

信赖 [xìnlài] 동 신뢰하다, 신임하다, 믿고 의지하다

知己 [zhījǐ] 명동 지기, 자기를 알다, 자기를 이해하다

骗 [piàn] 동 속이다, 기만하다, 속여 빼앗다, 사취(詐取)하다

值得 [zhíde] 동 값에 상응하다, 값이 맞다, 값이 ~할만하다, ~할만한 가치가 있다

●●● 설명

○ 对不上牙口 : '마음에 안들다'. 对不上: '~에 맞지(일치하지) 않다'. 'V不上', '~못하다'.

○ 值 : '~할 가치가 있다' (주로 '不值', '值得'의 형태로 사용), '~가치에 상당하다'.

你这样的想法太自私了，你不能利用别人喜欢你。

Nǐ zhèyàng de xiǎngfǎ tài zìsī le, nǐ bù néng lìyòng biérén xǐhuan nǐ。

我说话直，你别生气。

Wǒ shuō huà zhí, nǐ bié shēngqì。

笑笑：没关系。我也不喜欢拐弯抹角的。

Méi guānxì。Wǒ yě bù xǐhuan guǎiwānmòjiǎo de。

秦奋：有一次我就去偷桃去，这也有门那边也有门，我们都在中间那墙翻过去。

Yǒu yí cì wǒ jiù qù tōu táo qù, zhè yě yǒu mén nàbiān yě yǒu mén, wǒmen dōu zài zhōngjiān nà qiáng fānguoqu。

然后就搭着胳膊跟我跑了。

Ránhòu jiù dāzhe gēbo gēn wǒ pǎo le。

后来呢，那两边肯定不能去了。

Hòulái ne, nà liǎng biān kěndìng bù néng qù le。

后来有人喊，来人啦！

Hòulái yǒurén hǎn, lái rén la！

后来呢，有一次，我们就是去学农，住集体宿舍。

Hòulái ne, yǒu yí cì, wǒmen jiù shì qù xuénóng, zhù jítǐ sùshè。

我、小文、张奎、陆德维，还有，反正是就是八个人住一屋。

Wǒ、Xiǎowén、Zhāngkuí、Lùdéwéi、hái yǒu, fǎnzhèng shì jiù shì bā ge rén zhù yì wū。

后来呢，就是…晚上啊。

Hòulái ne, jiù shì…wǎnshang a。

我就出一主意。我出的啊。

Wǒ jiù chū yì zhǔyi。Wǒ chū de a。

당신의 이런 생각은 너무 이기적이에요. 다른 사람이 당신을 좋아하는 걸 이용하면 안 돼죠. 너무 직설적이었다면, 용서하세요.

笑笑：괜찮아요. 저도 빙 둘러 얘기하는 건 좋아하지 않으니까요.

秦奋：한 번은 제가 복숭아 서리를 갔는데요, 여기도 문이 있고 저기도 문이 나 있었어요. 우리는 모두 그 중간벽을 넘어 갔죠. 그런 다음 어깨동무하고서 저와 함께 도망을 갔어요. 나중에는, 그 양쪽 문으로는 갈 수가 없었는데, 누군가 외치는 거에요. "누가 온다!" 또 한 번은 다같이 농촌봉사활동을 가서 단체로 기숙사에 묵었는데요. 저랑 샤오윈, 짱쿠이, 리우더웨이, 그리고 또... 아무튼 여덟명이서 한 방에 묵었어요. 그 뒤에 저녁이 되어서는, 제가 꾀를 냈어요. 제가 낸 거라구요.

단어

自私 [zìsī] [형] 이기적이다
直 [zhí] [형] 곧다, 수직의, 똑바로 선, 곧추선, 뻣뻣하다, 굳다, 꼿꼿하다
拐弯抹角 [guǎiwānmòjiǎo] [성어] 구불구불한 길을 따라 가다, (길을) 이리저리 돌아가다, 빙빙 돌아가다, (말, 글을) 빙빙 돌려서 하다
偷 [tōu] [동][부] 훔치다, 도둑질하다, 남몰래, 슬그머니, 살짝, 가만히
翻 [fān] [동] 넘다, 건너다
搭 [dā] [동] 널다, 걸치다, 걸다, 받치다, 괴다, 치다, 세우다, 가설하다, 놓다, 만들다
胳膊 [gēbo] [명] 팔
喊 [hǎn] [동] 외치다, 소리치다, 소리지르다, 고함치다, 큰 소리로 부르다
学农 [xuénóng] [동] 농업을 배우다, 농업 생산기술을 배우다
集体 [jítǐ] [명] 집단, 단체
主意(zhǔyi) [명] 생각, 의견, 주견, 주관, 방법

설명

○我说话直 : 주술술어문. 주술구조 '说话直'가 전체 주어인 '我'의 술어가 됨.
○翻过去 : '넘어 가다'. 방향보어식으로서 '过去'는 '翻' 동작의 방향을 표시함.
○搭胳膊 : '팔을 걸치다', '어깨동무를 하다'.

我出一主意，往脚心上抹清凉油。

Wǒ chū yì zhǔyi, wǎng jiǎoxīn shàng mǒ qīngliángyóu。

抹清凉油上那哗哗扇。

Mǒ qīngliángyóu shàng nà huāhuā shàn。

一扇啊，张奎就尿床了。

Yí shàn a, Zhāngkuí jiù niàochuáng le。

裤衩啊，褥子、床单全都湿了。

Kùchǎ a, rùzi、chuángdān quán dōu shī le。

完了，给我们给逗的。

Wán le, gěi wǒmen gěi dòu de。

我们呀，就没说是谁干的。

Wǒmen yā, jiù méi shuō shì shéi gàn de。

后来呢，就第二天早晨啊，他就一看都湿了。

Hòulái ne, jiù dì èr tiān zǎochén a, tā jiù yí kàn dōu shī le。

제가 꾀를 내가지구요, 누구 발바닥에다가 후끈거리는 약을 발랐어요.

약 바르고는 막 이렇게 부채질을 해버렸죠.

막 부채질을 하니까 짱쿠이란 놈이 침대에 오줌을 싸버리는 거에요.

팬티하고 요하고, 침대보까지 전부 젖어버렸어요.

그 다음, 얼마나 웃겼는지 몰라요.

우리들은 누가 한 짓인지 끝까지 말 안 했죠.

그 다음 날 아침이 되어서는, 그 놈이 보니까 전부 젖어버린 거에요.

●●●단어

脚心 [jiǎoxīn] 몡 족심, 발바닥에서 오목하게 들어간 가운데 부분

抹 [mǒ] 동 바르다, 칠하다, 닦다, 문지르다, 문대다

清凉油 [qīngliángyóu] 몡 (두통, 화상, 벌레 물린 데에 효과가 있는) 연고

哗哗 [huāhuā] 물이 흐르는 소리. 콸콸, 줄줄, 달달, 주르륵, 후드득

扇 [shàn] 몡동 부채, 부채질하다, 선동하다

尿床 [niàochuáng] 동 침대에 오줌을 싸다, 야뇨(夜尿)하다

裤衩 [kùchǎ] 몡 팬티, 속잠방이

褥子 [rùzi] 몡 요

床单 [chuángdān] 몡 침대보, 침대시트(sheet)

湿 [shī] 형동 습하다, 축축하다, 질퍽하다, 적시다, 젖게 하다

早晨 [zǎochen] 몡 (이른) 아침, 새벽, 오전

●●●설명

○ 往脚心上 : '往~上+V' 형식. '~쪽으로 ~하다'.

○ 给我们给逗的 : 앞의 '给'는 '~에게, ~를 향하여' 의미의 개사, 뒤 '给'는 '(~에게) ~을 당하다' 피동의미의 개사. '우리에게 놀림감이 되었다'.

他还不敢晒。他就问我怎么尿炕了。

Tā hái bù gǎn shài。Tā jiù wèn wǒ zěnme niàokàng le。

后来谁都没说，也不就是谁就告发了，说是那个我干的。我说我是那种人吗。

Hòulái shéi dōu méi shuō, yě bú jiù shì shéi jiù gàofā le, shuō shì nà ge wǒ gàn de。Wǒ shuō wǒ shì nà zhǒng rén ma。

神父：对不起。已经很晚了。（英语）

秦奋：还早着呢。我中学说完了，还有插队。

Hái zǎozhe ne。Wǒ zhōngxué shuōwán le, hái yǒu chāduì。

插队说完了，还有工作。

Chāduì shuōwán le, hái yǒu gōngzuò。

工作说完了，还得谈恋爱的事呢。

Gōngzuò shuōwán le, hái děi tán liàn'ài de shì ne。

早着呢，你等会儿，我说。

Zǎozhe ne, nǐ děng huìr, wǒ shuō。

后来呢，我说我是那种人吗？

Hòulái ne, wǒ shuō wǒ shì nà zhǒng rén ma？

我说是小文干的。小文说，就说，他说没有。

Wǒ shuō shì xiǎowén gàn de。Xiǎowén shuō, jiù shuō, tā shuō méiyǒu。

后来他说是我。我说不可能。

Hòulái tā shuō shì wǒ。Wǒ shuō bù kěnéng。

我怎么能干那种事呢？那种事都是陆德维。

Wǒ zěnme néng gàn nà zhǒng shì ne？Nà zhǒng shì dōu shì Lùdéwéi。

全是他们，我就是，可能。

Quán shì tāmen, wǒ jiù shì, kěnéng。

我也不是，说不是，我出主意。

Wǒ yě bú shì, shuō bú shì, wǒ chū zhǔyi。

그 놈은 감히 말리지도 못하고, 자기가 어떻게 오줌을 싼 거냐고 묻더라고요.

아무도 말해 주는 놈은 없고, 근데 누군지는 모르겠지만, 내가 한 거라고 고발을

했어요. 나는 내가 그런 놈일 리가 있냐고 말했고....

神父 : 미안합니다. 너무 늦었어요. (영어)

秦奋 : 아직 이른 시간인데요, 뭘. 중학시절을 끝내면 군대 이야기가 있어요.

군대 끝나면 또 직장생활 얘기가 있구요.

그거 끝나면 연애시절도 얘기해야 하구요.

아직 이르다니까요. 잠시만요. 그래서요, 제가요...

나중에... 내가 그런 인간이겠냐면서, 샤오원이 한 짓이라 했죠. 샤오원은 자기가

한 짓이 아니라 했구요.

나중에 그 놈이 내가 한 거라 했는데, 저는 시치미 딱 뗐죠.

내가 어떻게 그런 일을 하겠냐면서, 그 일은 전부 리우더웨이 패거리들이 한

거라 했죠. 아마도 저는...

나는 아니다 했어요. 내가 낸 꾀라는 소리도 절대 안 했죠.

●●● 단어

晒 [shài] ⑤ 햇볕을 쬐다, 햇볕에 말리다

尿炕 [niàokàng] ⑤ 온돌(방구들)에 오줌을 싸다, 야뇨(夜尿)하다

告发 [gàofā] ⑤ 신고하다, 고발하다

插队 [chāduì] ⑤ 대오에 끼어들다, 새치기하다, 문화대혁명 기간 도시의 간부와 학생들이 농촌생산
　　　　대(生産隊)에 들어가 노동하고 생활하다

●●● 설명

○ 问我怎么尿炕 : '내가 어찌 오줌을 쌌는가라고 묻다'.

　　　　　　'我怎么尿炕' 전체가 '问'의 목적어.

　　　　　　'我'가 '问'의 간접목적어, 그리고 '怎么尿炕'이 직접목적어인 구문으로

　　　　　　볼 수도 있으나, 영화에서 주인공이 말하는 것을 들어 보면, 전자의 분석

　　　　　　이 맞음을 알 수 있음.

神父：小姐! 小姐，对不起! (英语)

邬桑：怎么啦？

Zěnme la?

怎么回事？（日语）

神父：你们的朋友非常虔诚。但是他的罪恶实在是太多了。（日语）

我们的教堂太小，已经装不下他的罪恶了。

这附近还有一个更大的教堂。

你们可以把你们的朋友，带到那里去做忏悔吗？真抱歉。

邬桑：我马上把他叫回来。实在对不起。（日语）

笑笑：上帝啊! 请宽恕他的罪恶吧。（英语）

秦奋：那时候年轻，不懂事。觉得特对不起他。

Nà shíhou niánqīng, bù dǒngshì。Juéde tè duìbuqǐ tā。

后来，现在一想吧。

Hòulái, xiànzài yì xiǎng ba。

邬桑：别白话了，走吧。

Bié báihuà le, zǒu ba。

秦奋：后来我说，给他作揖都不行。

Hòulái wǒ shuō, gěi tā zuòyī dōu bù xíng。

神父 : 아가씨! 아가씨, 미안합니다! (英语)
邬桑 : 무슨일이야?
왜 그러시죠? (日语)
神父 : 당신의 친구분이 너무 경건한 분 같아요. (日语)
다만 죄가 너무 많으시네요.
우리 교회는 너무 작아서요, 저 분의 죄악을 감당하기가 어렵네요.
이 근처에 좀 더 큰 교회가 있거든요.
친구를 그 곳으로 모셔 가서 회개하시는 게 좋을 것 같아요.
정말 죄송합니다.
邬桑 : 제가 곧 불러낼게요. 정말 죄송합니다. (日语)
笑笑 : 오, 하나님! 저 사람의 죄악을 용서하소서. (英语)
秦奋 : 그 때는 어리고 철이 없었어요. 생각해보니 너무 미안하다는 생각은 드네요.
시간이 흘러, 지금 생각을 해보니....
邬桑 : 헛소리 좀 그만 하고, 가자 좀!
秦奋 : 나중에 그 친구한테 읍소를 해도 소용없더라구요.

●●● 단어

懂事儿 [dǒngshìr] [동] 철들다, 분별이 있다, 세상 물정을 알다, 사리를 분별하다.
宽恕 [kuānshù] [동] 너그러이 용서하다, 너그럽게 봐주다, 관용을 베풀다
白话 [báihuà] [명] 헛소리, 빈말, 허튼소리, 한담, 여담, 잡담
作揖 [zuòyī] [동] 읍하다. 옛날, 공수(拱手)한 손을 가슴 앞에 들고 허리를 앞으로 공손히 구부렸다 펴면서 내리는 인사

●●● 설명

○ 别白话了 : '헛소리 하지 마'.
'白话'는 명사성 성분이지만 '别~了'구문에 사용되어 마치 동사성 성분처럼 사용된 형태임.

37

邬桑：我说秦奋，你到底干了多少坏事啊？

Wǒ shuō Qínfèn, nǐ dàodǐ gàn le duōshao huài shì a？

是不是枪毙十回都不冤枉你？

Shì bú shì qiāngbì shí huí dōu bù yuānwang nǐ？

秦奋：水，给我水。

Shuǐ, gěi wǒ shuǐ。

笑笑：主啊，请你宽恕他犯下的滔天罪行吧。

Zhǔ a, qǐng nǐ kuānshù tā fànxia de tāotiān zuìxíng ba。

秦奋：主把你派到我身边来，就是让你来拯救我的灵魂，带我出地狱的。

Zhǔ bǎ nǐ pàidào wǒ shēnbiān lái, jiù shì ràng nǐ lái zhěngjiù wǒ de línghún, dài wǒ chū dìyù de。

你可不能辜负了主对你的信任。

Nǐ kě bù néng gūfù le zhǔ duì nǐ de xìnrèn。

笑笑：我还在苦海里挣扎呢。谁来拯救我啊？

Wǒ hái zài kǔhǎi lǐ zhēngzhá ne。Shéi lái zhěngjiù wǒ a？

秦奋：我呀。

Wǒ yā。

37

邬桑 : 아이고 이 친구야, 너 도대체 나쁜 짓을 얼마나 저지른 거야?
총살을 열 번 시킨다 하더라도 억울하진 않겠지?

秦奋 : 물, 물 좀 줘요.

笑笑 : 주여! 이 사람이 저지른 어마어마한 죄악을 부디 너그러이 용서해 주세요.

秦奋 : 하나님이 당신을 나에게 보내 주신 건, 당신으로 하여금 내 영혼을 구해 내서 지옥에서 꺼내 주실려는 거에요.
당신을 향한 하나님의 신뢰를 저버려선 안 돼죠.

笑笑 : 난 아직도 고통의 바다에서 발버둥치고 있는데요. 그럼 난 누가 구해주죠?

秦奋 : 내가 구해 주죠.

●●● 단어

枪毙 [qiāngbì] [동] 총살하다
冤枉 [yuānwang] [형][동][명] 억울하다, 대우가 불공평하다, 억울한 누명을 씌우다, 누명
滔天罪行 [tāotiānzuìxíng] 죄행이 하늘에 사무치다
派 [pài] [동] 파견하다, 임명하다, 맡기다
拯救 [zhěngjiù] [동] 구조하다, 구출하다, 구해내다
灵魂 [línghún] [명] 영혼, 혼, 마음, 정신, 심령
地狱 [dìyù] [명] 지옥, 매우 비참한 지경
辜负 [gūfù] [동] (호의, 기대, 도움 등을) 헛되게 하다, 저버리다, 어기다
信任 [xìnrèn] [명][동] 신임하다, 신뢰하다, 믿고 맡기다
苦海 [kǔhǎi] [명] 고해, 곤경, 고통스런 환경

●●● 설명

○犯下 : 'V+下'. '저질러버리다'. 동작의 완성이나 결과를 나타냄.

○你可不能~~ : '~해서는 안 된다'. '可'는 강조의 의미.

38

邬桑：好烫！

　　Hǎo tàng！

秦奋：听说这地方熊特别多，是吗？

　　Tīngshuō zhè dìfang xióng tèbié duō, shì ma？

邬桑：是啊。

　　Shì a。

秦奋：伤过人吗？

　　Shāngguo rén ma？

邬桑：伤过。熊看起来笨重。

　　Shāngguo。Xióng kànqilái bènzhòng。

　　发动攻击的时候，速度特别快，鹿都跑不过它。

　　Fādòng gōngjī de shíhou, sùdù tèbié kuài, lù dōu pǎobúguò tā。

秦奋：笑笑! 笑笑, 快回来! 这儿有熊。

　　Xiàoxiao! Xiàoxiao, kuài huílai! Zhèr yǒu xióng。

38

邬桑 : 앗 뜨거워!

秦奋 : 이 지역에 곰이 그렇게 많다면서?

邬桑 : 맞아.

秦奋 : 사람 해친 적 있어?

邬桑 : 그럼. 곰이 보기에는 둔해도, 공격할 때는 속도가 얼마나 빠른지 사슴도 꼼짝없
이 잡히는 걸.

秦奋 : 샤오샤오! 샤오샤오, 빨리 돌아와요!
여기 곰이 나온대요.

●●● 단어

烫 [tàng] 倒동 몹시 뜨겁다, 데다, 화상 입다

熊 [xióng] 명 곰

伤 [shāng] 동명 상하다, 해치다, 다치다, 상처

笨重 [bènzhòng] 형 둔중하다, 육중하다, 힘이 들다, 고되다

发动 [fādòng] 동 개시하(게 하)다, 일으키다, 발동하다, 발발시키다

攻击 [gōngjī] 동 공격하다, 진공하다, 악의적으로 비난하다

速度 [sùdù] 명 속도

鹿 [lù] 명 사슴

●●● 설명

○ 好烫 : '好+A'. '好'는 '아주', '참말로', '정말로', '퍽', '꽤', '매우'의 의미이며, 형용사나
동사의 앞에 쓰여 정도가 심한 것을 나타냄. 감탄의 어기가 있음.
好香 | 好漂亮 | 好冷

○ 跑不过 : 'V+不过'.
'不过'는 '능가하지 못하다', '앞서지 못하다', '~해 넘길 수 없다'의 의미.

笑笑：能看到熊是你的幸运。

Néng kàndào xióng shì nǐ de xìngyùn。

秦奋：别胡说八道了！是熊的幸运。

Bié húshuōbādào le！ Shì xióng de xìngyùn。

笑笑：你看到了吗？在哪儿啊？

Nǐ kàndào le ma？ Zài nǎr a？

秦奋：少废话，快走!

Shǎo fèihuà，kuài zǒu!

笑笑：你至于吗？这么紧张。

Nǐ zhìyú ma？ Zhème jǐnzhāng。

秦奋：你要是出了事，我怎么交代啊？

Nǐ yàoshi chū le shì，wǒ zěnme jiāodài a？

笑笑：你要和谁交代？没有人会在乎我。

Nǐ yào hé shéi jiāodài？Méi yǒu rén huì zàihu wǒ。

秦奋：我在乎。邬桑! 你问问他们看见熊了吗。

Wǒ zàihu。Wūsāng! Nǐ wènwen tāmen kànjiàn xióng le ma。

邬桑：我想问一下。（日语）

行人：哎。

邬桑：你们看到熊了吗？

行人：熊~，是。我们进山的时候，是四个人。出来的时候只剩我们俩了。

秦奋：他们说什么啊？

Tāmen shuō shénme a？

邬桑：他们说，进山的时候他们是四个人。

Tāmen shuō，jìn shān de shíhou tāmen shì sì ge rén。

出来的时候只剩他们俩了。

Chūlai de shíhou zhǐ shèng tāmen liǎ le。

笑笑 : 곰을 볼 수 있다면 당신의 행운이지요.

秦奋 : 허튼 소리 말아요! 곰의 행운일 테지.

笑笑 : 보기나 했어요? 어디 있는데요?

秦奋 : 헛소리 그만하고 빨리 가기나 합시다!

笑笑 : 이렇게 긴장까지 할 필요가 있어요?

秦奋 : 만일 당신한테 사고라도 생기면, 내가 어떻게 해명하겠어요?

笑笑 : 누구한테 해명하려구요? 나한테 신경쓰는 사람도 없을 텐데.

秦奋 : 내가 걱정이 돼서 그래요. 우쌍! 곰 봤는지 저 사람들에게 좀 물어 봐봐.

邬桑 : 말씀 좀 묻겠는데요. (日语)

行人 : 네.

邬桑 : 혹시 곰 보셨나요?

行人 : 곰이라... 네. 산에 들어 갈 때는 넷이었는데, 나올 때는 우리 둘만 남게 됐죠.

秦奋 : 뭐라 그러는 거야?

邬桑 : 입산할 때는 넷이었는데, 하산하는 지금은 둘만 남았다 그러네.

●●● 단어

胡说八道 [húshuōbādào] [성어] 말도 안 되는 소리를 하다, 입에서 나오는 대로 지껄이다, 터무니없는 말을 하다, 허튼소리를 지껄이다

至于 [zhìyú] 동쥔 ~할 필요(가치)가 있다, ~의 정도에 이르다, ~한 결과에 달하다, ~할 지경이다, ~으로 말하면, ~에 관해서는 (화제를 바꾸거나 제시할 때)

紧张 [jǐnzhāng] 형 긴장해 있다, 불안하다, 바쁘다, 급박하다, 긴박하다, 격렬하다, 빠듯하다, 부족하다

出事 [chūshì] 동 사고가 나다, 변고가 발생하다, 죽다

交代 [jiāodài] 동 설명하다, 알려 주다, 주문하다, 당부하다, 인계하다, 건네 주다

剩 [shèng] 동 남다, 남기다

●●● 설명

○ 你要是出了事 : '만일 당신에게 일이 생긴다면'.
'了'는 동사나 형용사 뒤에 쓰여 동작 또는 변화가 이미 완료되었음을 나타냄. 여기서는 예정되거나 가정적인 동작에 사용된 경우임.

秦奋：啊？

　　　a？

行人：这儿怎么会有熊呢？这儿不可能有熊的。我们逗你玩呢。你真的相信啦？

　　　（日语）

秦奋：谁说日本人没幽默感？也他们一点正经没有。

　　　Shéi shuō rìběnrén méi yōumògǎn？ Yě tāmen yìdiǎn zhèngjīng　méi yǒu。

日本人：熊来了，熊来了! 大家注意保护好心脏和头部。如果熊把你翻过来，你要马上
　　　回到原来的姿势。 （日语）

秦奋：长得这么好看! 吃了怪可惜的。

　　　Zhǎngde zhème hǎokàn! Chī le guài kěxī de。

　　　不如留着生小熊。

　　　Bù rú liúzhe shēng xiǎoxióng。

笑笑：你的眼神不像熊。

　　　Nǐ de yǎnshén bú xiàng xióng。

秦奋：像什么？

　　　Xiàng shénme？

笑笑：像大灰狼。

　　　Xiàng dàhuīláng。

秦奋：后悔认识我了吧？

　　　Hòuhuǐ rènshi wǒ le ba？

笑笑：不后悔，挺开心的。

　　　Bú hòuhuǐ, tǐng kāixīn de。

秦奋：엉?

行人：여기에 어떻게 곰이 있겠어요? 이런 데 곰이 있을 리가 없잖아요. 농담이라구요. 진짜 믿으셨어요? (日语)

秦奋：일본인들이 유머감 없다고 누가 그랬어? 저 사람들 얼굴 하나 안 변하고 저러는데.

日本人：곰이다, 곰이다! 심장과 머리를 잘 보호해 주세요. 만일 곰이 당신을 들추면, 곧장 원래의 자세로 돌아와야 합니다. (日语)

秦奋：이렇게 어여쁜 여인네를 먹어치워 버리자니 애석하기 짝이 없구나. 그냥 데리고 살면서 새끼나 낳아 볼까.

笑笑：당신 눈빛이 곰같지가 않은데요.

秦奋：그럼 뭐같은데요?

笑笑：늙은 이리 같아요.

秦奋：나를 알게된 걸 후회하시나?

笑笑：후회하지 않아요. 아주 재미있는 걸요.

●●● 단어

幽默感 [yōumògǎn] [명] 유머감(각)
怪 [guài] [부][동] 매우, 정말, 아주, 심히, 이상하다, 괴상하다
大灰狼 [dàhuīláng] [명] 늙은 이리, 악인, 악한 사람

●●● 설명

○ 长得这么好看 : '이렇게 예쁘게 생기다니'. 'V+得+AP'형식의 상태보어식.

○ 怪可惜 : '정말 안타깝다'.

○ 后悔认识我 : '나를 알게 된 것을 후회하다'. 술빈구조 '认识我'가 동사 '后悔'의 목적어임.

秦奋：你要是愿意嫁给我，我让你天天都跟喝了蜜一样。

　　　Nǐ yàoshi yuànyì jià gěi wǒ, wǒ ràng nǐ tiāntiān dōu gēn hē le mì yíyàng。

笑笑：你真的愿意娶我吗？

　　　Nǐ zhēnde yuànyì qǔ wǒ ma？

秦奋：你要是愿意，今天晚上咱们俩就拜天地。

　　　Nǐ yàoshi yuànyì, jīntiān wǎnshàng zánmen liǎ jiù bài tiāndì。

笑笑：你这头大，坏熊。

　　　Nǐ zhè tóu dà, huài xióng。

日本人：你不要和熊说话! 熊会撕碎你的。（日语）

邬桑：他说你不要和熊说话，熊会撕碎你的。

　　　Tā shuō nǐ bú yào hé xióng shuō huà, xióng huì sīsuì nǐ de。

笑笑：我早已经被撕碎了。

　　　Wǒ zǎo yǐjīng bèi sīsuì le。

秦奋 : 당신이 만일 나에게 시집오기만 한다면, 내가 매일 꿀처럼 달콤하게 해 줄게요.

笑笑 : 당신 정말로 나를 데려 가고 싶어요?

秦奋 : 그대가 원하신다면야... 오늘 저녁에 바로 천지신명께 식을 올리지 뭐.

笑笑 : 이렇게 대가리 큰 곰이라니, 몹쓸 곰탱이!

日本人 : 곰이랑 이야기하면 안 됩니다. 곰이 갈기갈기 찢어놓을 거에요. （日语）

邬桑 : 곰하고 얘기하지 말래요, 곰한테 갈기갈기 찢길 거라고...

笑笑 : 난 이미 다 찢길대로 찢겨졌다구요.

●●● 단어

蜜 [mì] 몡형 (벌)꿀, (꿀처럼)달다, 달콤하다

天地 [tiāndì] 몡 천지, 하늘과 땅, 세상, 세계, 경지

撕碎 [sīsuì] 통 갈기갈기 찢다, 발기발기 찢다

●●● 설명

○ 拜天地 : 전통 혼례에서 신랑과 신부가 함께 천지신명, 양가 부모에게 절한 후 맞절하다.

○ 撕碎 : 결과보어식으로 이루어진 동사. '碎'는 '撕' 동작행위 이후의 결과를 표현함.

39

秦奋：冷吗？回去吧。

Lěng ma？ Huíqù ba。

笑笑：我帮你点吧。我想帮你点。想要我吗？

Wǒ bāng nǐ diǎn ba。Wǒ xiǎng bāng nǐ diǎn。Xiǎng yào wǒ ma？

秦奋：想。

Xiǎng。

笑笑：今晚我是你的。

Jīnwǎn wǒ shì nǐ de。

秦奋：只是今天晚上吗？

Zhǐ shì jīntiān wǎnshàng ma？

笑笑：嗯。

Ēn。

秦奋：只这一夜我不要。

Zhǐ zhè yí yè wǒ bú yào。

39

秦奋 : 춥죠? 돌아 갑시다.

笑笑 : 제가 불 붙여 드릴게요. 붙여 드리고 싶어요. 저를 원하세요?

秦奋 : 원해요.

笑笑 : 그럼 오늘 밤 저를 가지세요.

秦奋 : 단지 오늘 밤만이요?

笑笑 : 네.

秦奋 : 오늘 하룻밤만이라면 사양할래요.

••• 단어

点 [diǎn] [동] 불을 붙이다(켜다). 点火.

••• 설명

○想要我吗？ : '저를 원하세요?'.
'要'는 조동사가 아니라 일반동사로서 '소유하다', '가지다', '원하다', '바라다', '필요하다' 등의 의미임.

笑笑：为什么？你不是觉得我长得挺好看的吗？

Wèishénme？ Nǐ bú shì juéde wǒ zhǎngde tǐng hǎokàn de ma？

我想报答你。

Wǒ xiǎng bàodá nǐ。

秦奋：我不欠你这情。我还不起。

Wǒ bú qiàn nǐ zhè qíng。 Wǒ huánbuqǐ。

笑笑：我不要你还。这是你应得的。

Wǒ bú yào nǐ huán。Zhè shì nǐ yīng dé de。

秦奋：你就让我犯回傻吧。我爱上你了。

Nǐ jiù ràng wǒ fàn huí shǎ bā。Wǒ àishàng nǐ le。

笑笑 : 왜죠? 내가 예쁘다고 하지 않으셨어요?

당신에게 보답을 하고싶어서 그래요.

秦奋 : 난 당신에게 그런 빚 지지 않을 거예요! 갚을 능력도 안 돼구요.

笑笑 : 당신에게 갚으라는 게 아니에요. 이건 당신이 마땅히 받아야 할 것이에요.

秦奋 : 나를 바보처럼 만들려는 거죠? 당신을 사랑하게 되었어요.

● ● ● 단어

欠情 [qiànqíng] 匽 마음의 빚을 지다, 은혜를 입고 갚지 못하다, 신세를 지다

报答 [bàodá] 匽 (실제 행동으로) 보답하다, 감사를 표하다, 은혜를 갚다

● ● ● 설명

○ 我不欠你这情 : '你'는 '欠'의 간접목적어, '这情'은 직접목적어.

○ 还不起 : 'V不起'. '~할 수 없다'.

'不起'는 동사 뒤에 놓여 역량이 부족함을 표현함.

○ 你应得 : '应'은 부사어, '得'는 순수 동사용법.

○ 犯回傻 : '回傻' 술빈구조가 동사 '犯'의 목적어.

○ 爱上 : 'V+上'.

V+上 : 동작, 행위가 실현되거나 어떤 목적에 도달하여 결과가 생성됨을 표현함.

40

笑笑：你会娶我吗？

　　Nǐ huì qǔ wǒ ma？

谢子言：嗯。

　　Ēn。

笑笑：你不要老是"嗯"。我要你说，"会"还是"不会"。

　　Nǐ bú yào lǎoshì "ēn"。Wǒ yào nǐ shuō，"huì" háishi "bú huì"。

谢子言：会。

　　Huì。

笑笑：什么时候？

　　Shénme shíhou？

谢子言：再多给我点时间吧。

　　Zài duō gěi wǒ diǎn shíjiān ba。

笑笑：多久？

　　Duō jiǔ？

40

笑笑 : 날 아내로 맞을 건가요?

谢子言 : 응.

笑笑 : 맨날 "응" 소리만 하지 말구요.

　　　"그렇다" 아니면 "아니다"라는 말을 듣고 싶어요.

谢子言 : 그래!

笑笑 : 언제요?

谢子言 : 시간을 조금만 더 줘.

笑笑 : 얼마나요?

●●● 단어

老是 [lǎoshì] ㊀ 언제나, 늘, 항상, 줄곧

●●● 설명

○再多 : '좀 더'.

41

笑笑：秦奋，这几天我一直用邬桑的眼光看着自己，真是一个奇怪的女人。

Qínfèn, zhè jǐ tiān wǒ yìzhí yòng Wūsāng de yǎnguāng kànzhe zìjǐ, zhēn shì yí ge qíguài de nǚrén。

大老远的跟着你跑来这里，却一直在推开你。

Dàlǎoyuǎn de gēnzhe nǐ pǎolái zhè lǐ, què yìzhí zài tuīkāi nǐ。

但你明白我是怎么走到这儿来的。

Dàn nǐ míngbai wǒ shì zěnme zǒudào zhèr lái de。

我努力地挣扎，希望把自己从绝望的深渊救起来。

Wǒ nǔlìdi zhēngzhá, xīwàng bǎ zìjǐ cóng juéwàng de shēnyuān jiùqǐlái。

我也曾希望善良的你和干净的北海道能让我找回人生的美好。

Wǒ yě céng xīwàng shànliáng de nǐ hé gānjìng de Běihǎidào néng ràng wǒ zhǎohuí rénshēng de měihǎo。

这是我此行的私心。

Zhè shì wǒ cǐ xíng de sīxīn。

但可恨的爱情已耗尽了我的全部。

Dàn kě hèn de àiqíng yǐ hàojìn le wǒ de quánbù。

我越是挣扎，记忆越是把我往下撕扯。

Wǒ yuè shì zhēngzhá, jìyì yuè shì bǎ wǒ wǎngxià sīchě。

今天傍晚，在我人生的最后一个黄昏。

Jīntiān bàngwǎn, zài wǒ rénshēng de zuìhòu yí ge huánghūn。

41

笑笑 : 친펀! 저는 요며칠 줄곧 우쌍씨 입장에서 스스로를 살펴 봤는데요, 저는 정말 이상한 여자더군요.
당신을 따라 이 먼 곳까지 왔으면서도 한사코 당신을 밀어 내기만 했으니 말이에요. 하지만 제가 왜 여기까지 오게 됐는지는 당신이 더 잘 알 거예요.
저는 정말 애를 써 봤어요, 제 자신을 이 절망의 심연에서 끄집어 내 보려구요.
저도 착한 당신과 여기 이 멋진 홋카이도를 통해 인생의 아름다움을 좀 깨쳐보고 싶었었어요. 이것이 사실 이 번 여행의 속마음이었죠.
그렇지만 이 망할놈의 사랑이 저의 전부를 소진시켜 버렸어요.
발버둥 치면 칠수록 과거의 기억이 저를 계속해서 산산이 찢어 버리는 거예요.
오늘 이 저녁은 제 인생의 마지막 황혼이 될 것 같아요.

●●● 단어

眼光 [yǎnguāng] [명] 시선, 시각, 눈길, 안목, 식견, 통찰력
奇怪 [qíguài] [형] 기이하다, 이상하다, 괴이하다, 의아하다, 이해하기 어렵다
深渊 [shēnyuān] [명] 깊은 물, 심연
救 [jiù] [동] 구하다, 구제하다, 구조하다
美好 [měihǎo] [형] 좋다, 훌륭하다, 아름답다, 행복하다
此行 [cǐxíng] [명] 이번 걸음, 이번 행차
私心 [sīxīn] [명] 사심, 이기심, 내심, 속마음, 마음 속
可恨 [kěhèn] [형] 밉살스럽다, 가증스럽다, 혐오스럽다, 원망스럽다
耗 [hào] [동] 소모하다, 소비하다, 낭비하다, 시간을 끌다, 어물거리다, 질질 끌다
记忆 [jìyì] [명][동] 기억, 기억하다, 떠올리다
撕扯 [sīchě] [동] 찢다, 째다, 떼다, 뜯다
傍晚 [bàngwǎn] [명] 저녁 무렵
黄昏 [huánghūn] [명] 황혼, 해질 무렵

●●● 설명

○越~越~ : '~하면 할수록 ~하다'.
○耗尽 : 술보구조식. '다 써 버리다', '다 소비(소모)하다'.

我看到了你更可爱的一面，也看到了自己的无助和猥琐。

Wǒ kàndào le nǐ gèng kě'ài de yí miàn, yě kàndào le zìjǐ de wúzhù hé wěisuǒ。

你是绝佳的伴侣。

Nǐ shì juéjiā de bànlǚ。

要是早几年碰到你。

Yàoshi zǎo jǐ nián pèngdào nǐ。

与你只能擦肩而过是我傻，也是老天给我的惩罚。

Yǔ nǐ zhǐ néng cā jiān ér guò shì wǒ shǎ, yě shì lǎotiān gěi wǒ de chéngfá。

我走了，秦奋。

Wǒ zǒu le, Qínfèn。

不用找我。

Bú yòng zhǎo wǒ。

但千万要原谅我。

Dàn qiānwàn yào yuánliàng wǒ。

저는 더욱 사랑스런 당신의 모습도 봤지만, 또한 내 자신의 무력함과 초라함도
보았어요.

당신은 정말 훌륭한 반려자감이에요.

만일 몇 년만 일찍 당신을 만났더라면.

당신과 그저 옷깃만 스치고 말게 된 건 내가 어리석기 때문이고, 또한 하늘이
나에게 주신 벌이기도 하지요.

저 이만 갈게요, 친펀!

저를 찾지는 말아 주세요.

부디 저를 용서해 주시길....

●●● 단어

无助 [wúzhù] 명동 무력함, 도움·원조가 없다
猥琐 [wěisuǒ] 형 비열하다, 초라하다, 추하다, 옹졸하다, 용렬하다, 비루(鄙陋)하다
绝佳 [juéjiā] 형 대단히(상당히) 아름답다(훌륭하다)
伴侣 [bànlǚ] 명 배우자, 반려자, 동반자, 동료, 짝, 벗
原谅 [yuánliàng] 동 양해하다, 이해하다, 용서하다

●●● 설명

○擦肩而过 : 어깨를 스치고 지나가다, 바로 옆에 있으나 마주치지 못 하다, 닿을 듯 말듯
하면서도 인연이 닿지 않다

42

邬桑：笑笑跳下去的时候，正好被路过的渔船发现，给救了。

Xiàoxiao tiàoxiaqu de shíhou, zhènghǎo bèi lùguò de yúchuán

fāxiàn, gěi jiù le。

正在医院抢救呢。

Zhèngzài yīyuàn qiǎngjiù ne。

秦奋：真是他妈傻死了。

Zhēn shì tā mā shǎsǐ le。

甭管摔成什么样我都接着。

Béng guǎn shuāichéng shénmeyàng wǒ dōu jiēzhe。

42

邬桑：샤오샤오가 뛰어 내리던 즈음에, 마침 지나가던 어선 눈에 띄어서 구조가 된 거래.
지금은 병원에서 응급조치 중이야.

秦奋：정말 어리석기는.....
어떻게 망가진다 하더라도 나는 다 받아들일 거야.

●●● 단어

路过 [lùguò] [동] 거치다, 지나다, 경유하다, 통과하다
渔船 [yúchuán] [명] 어선
抢救 [qiǎngjiù] [동] 서둘러 구호하다, 구출하다, 구조하다, 응급 처치하다
他妈 [tāmā] [비속어] 제기랄, 제미, 제기, 빌어먹을. [=他妈的]
摔 [shuāi] [동] 내던지다, 내동댕이치다, 떨어져 부서지다, 쓰러지다, 넘어지다
接着 [jiēzhe] [동] 받아 들이다, 따르다, 따라가다, 좇아가다

●●● 설명

○ 给救 : '给'는 피동 표시 전치사로서 '被'의 용법과 같음.
门~风吹开了 | 衣服~雨淋湿了

○ 傻死 : '정말로 어리석다'. 'A+死'형 정도보어식.

○ 甭管 : '~에 관계 없이'.

○ 摔成 : 결과보어식.

43

秦奋：你可真够淘气的。我就算不省心的了。

Nǐ kě zhēn gòu táoqì de。Wǒ jiù suàn bù shěngxīn de le。

你比我还不让人省心。哥知道你心里委屈。

Nǐ bǐ wǒ hái bú ràng rén shěngxīn。Gē zhīdao nǐ xīn lǐ wěiqu。

有哥陪着你，没有过不去的事，啊？

Yǒu gē péizhe nǐ, méi yǒu guòbuqù de shì, a？

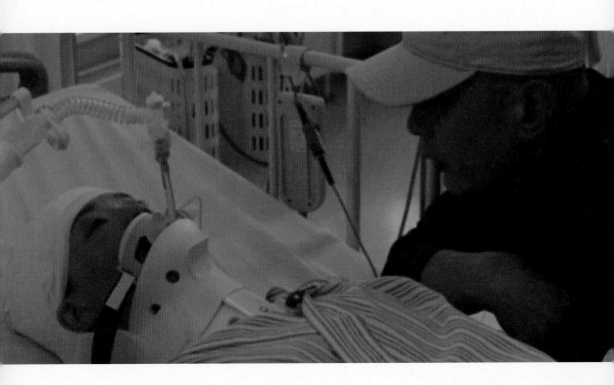

43

秦奋 : 당신 정말 장난이 너무 심하구만. 진짜 걱정 많이 하게 하시네.
당신은 나보다 훨씬 더 골칫덩어리야. 당신 마음이 많이 아픈 거 잘 알아.
내가 곁에 있는 한 헤쳐 나가지 못 할 일은 없다구! 알았지?

●●● 단어

淘气 [táoqì] 휑 장난이 심하다, 말을 듣지 않다, 성가시게 하다, 귀찮게 하다
省心 [shěngxīn] 동 근심(걱정)을 덜다, 시름을 놓다

44

邬桑：行啦，我走了。

Xíng la, wǒ zǒu le。

秦奋：走吧。不走，工作都没了。

Zǒu ba。Bù zǒu, gōngzuò dōu méi le。

邬桑：好好地善待她吧。这是个实心眼的好姑娘。

Hǎohāodi shàndài tā ba。Zhè shì ge shíxīnyǎn de hǎo gūniang。

死了这一回，对那个人的心也就死了。

Sǐ le zhè yì huí, duì nà ge rén de xīn yě jiù sǐ le。

秦奋：这是给你老婆和孩子的。

Zhè shì gěi nǐ lǎopo hé háizi de。

咱哥俩十几年没见，再见又不知道是哪年了。

Zán gē liǎ shíjǐ nián méi jiàn, zài jiàn yòu bù zhīdao shì nǎ nián le。

邬桑：她现在正需要钱花，跟我你就别瞎客气了。

Tā xiànzài zhèng xūyào qián huā, gēn wǒ nǐ jiù bié xiā kèqi le。

秦奋：钱对我来说不算事，就是缺朋友。

Qián duì wǒ láishuō bú suàn shì, jiù shì quē péngyou。

最好的那几个都各奔东西了。有时候真想你们。

Zuì hǎo de nà jǐ ge dōu gè bēn dōngxī le。Yǒushíhou zhēn xiǎng nǐmen。

心里觉得特别孤独。保重!

Xīn lǐ juéde tèbié gūdú。Bǎozhòng!

44

邬桑 : 그래, 난 그만 가 볼란다.

秦奋 : 가라. 더 지체했다가는 모가지 잘릴라.

邬桑 : 그녀에게 잘 해 줘라. 참 착한 아가씨인데.
이렇게 한 번 죽어 봤으니, 그 남자에 대한 마음도 죽었겠지.

秦奋 : 이건 제수씨랑 애들한테 주는 거야.
우리 서로 십 몇 년을 못 봤는데, 언제 또 보게 될 지도 모르잖아.

邬桑 : 돈이 필요한 사람은 그녀이니까, 나한테는 그럴 필요 없어.

秦奋 : 지금 나한테 필요한 건 돈이 아니라 친구란 말이야.
제일 친하던 놈들은 죄다 뿔뿔이 흩어져 버렸으니, 어쩌다 한 번씩 너희들이 정말 보고싶어.
마음 속이 그렇게 고독할 수가 없더라니까. 몸조심 해라!

●●● 단어

实心眼 [shíxīnyǎn(r)] [형] 고지식하다, 성실하다, 정직하
孤独 [gūdú] [형] 고독하다, 외롭다, 쓸쓸하다, 적적하다
保重 [bǎozhòng] [동] 건강에 주의(유의)하다, 몸조심하다

●●● 설명

○过不去 : '지나 갈 수 없다'. 가능보어식.

○各奔东西 : '각각 동서로 달아나다', '제각기 흩어지다'.

45

秦奋：新年快到了。你大难不死，许个愿吧。

Xīnnián kuài dào le。Nǐ dànàn bù sǐ, xǔ ge yuàn ba。

笑笑：把你的手机给我。喂，是我。好久没有和你联系了。

Bǎ nǐ de shǒujī gěi wǒ。Wéi, shì wǒ。Hǎo jiǔ méiyǒu hé nǐ liánxì le。

我只是想跟你说，谢谢你曾经爱过我。

Wǒ zhǐ shì xiǎng gēn nǐ shuō, xièxie nǐ céngjīng àiguo wǒ。

我现在过得很幸福。

Wǒ xiànzài guòde hěn xìngfú。

因为我找到一个，可以愿意跟他过一辈子的人。

Yīnwèi wǒ zhǎodào yí ge, kěyǐ yuànyì gēn tā guò yíbèizi de rén。

好好爱你老婆吧! 也祝你们幸福! 再见!

Hǎohāo ài nǐ lǎopo ba。Yě zhù nǐmen xìngfú! Zàijiàn!

秦奋：这是我手机。你手机早跟你跳海里了。

Zhè shì wǒ shǒujī。Nǐ shǒujī zǎo gēn nǐ tiào hǎi lǐ le。

笑笑：你也不需要和别人联系了。

Nǐ yě bù xūyào hé biérén liánxì le。

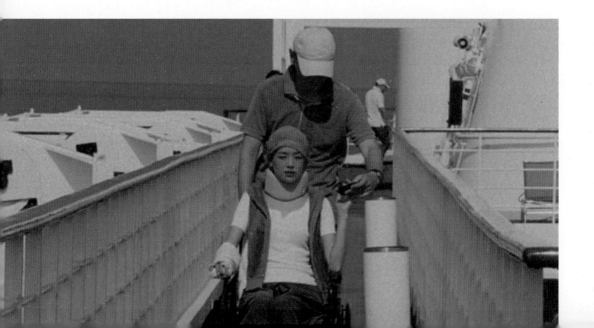

45

秦奋 : 곧 새해가 되고, 큰 일에 구사일생도 하셨는데, 소원이나 하나 빌어 봐요.

笑笑 : 전화기 좀 줘 봐요. 여보세요! 저예요. 오랜만에 연락하네요.
그냥 하고싶은 말이 있는데요, 날 사랑해줘서 고마웠어요.
저는 지금 아주 행복해요.
평생을 같이 할 사람을 찾았거든요.
사모님을 잘 사랑해 주세요. 두 분의 행복을 빌어요! 안녕!

秦奋 : 이건 내 전화기인데. 당신 전화는 저 번에 당신과 함께 바닷속으로 들어 가 버렸잖소.

笑笑 : 당신도 이제 다른 사람과 연락할 필요가 없어졌잖아요.

●●● 단어

许愿 [xǔyuàn] [동] (신불에게) 소원을 빌다
手机 [shǒujī] [명] 휴대폰, 휴대 전화기

●●● 설명

○大难不死 : '큰 재난에 죽지 않다'.

○过得很幸福 : '아주 행복하게 지내고 있다'. 상태보어식.

○不需要和别人联系了 : '不~~了'형식. '~않게 되었다'.
'了'는 상황, 상태의 변화를 나타내는 어기조사.

秦奋：明白。

Míngbai。

范先生：世界上之所以战火不断，冲突加剧，其根源就在于分歧得不到公正的

裁决。

Shìjiè shàng zhīsuǒyǐ zhànhuǒ bú duàn, Chōngtū jiājù, qí gēnyuán jiù zàiyú fēnqí

débudào gōngzhèng de cáijué。

那么分歧终端机的诞生，一举攻破了这一难题。

Nàme fēnqízhōngduānjī de dànshēng, yì jǔ gōngpò le zhè yī nántí。

请您把手伸进来。

Qǐng nín bǎ shǒu shēnjìnlái。

游客：好!

Hǎo!

范先生：攥着这个把儿。锤子、剪子、布!

Zuànzhe zhè ge bàr。Chuízi、jiǎnzi、bù!

我喊一二三，咱们同时拉开。一，二，三!

Wǒ hǎn yī èr sān, zánmen tóngshí lākāi。Yī, èr, sān!

游客：有点意思啊。

Yǒu diǎn yìsi a。

秦奋 : 알았어요.

范先生 : 전세계적으로 전쟁이 끊이지 않고 충돌이 더욱 격화되는 것은, 그 근본 원인이 서로간 의견의 불일치에서 공정한 판결을 얻지 못하기 때문이죠.

그렇다면 '불협화음해결기'의 탄생이 이러한 난제를 단방에 해결해버릴 수 있습니다.

손을 쭉 집어 넣으세요.

游客 : 오케이!

范先生 : 여기 이 손잡이를 꽉 잡으시고, 바위, 가위, 보!

제가 하나, 둘, 셋 하면 동시에 이 걸 잡아 당기는 겁니다.

하나, 둘, 셋!

游客 : 재미난 물건일세.

●●●단어

攥 [zuàn] 동 꽉 쥐다(잡다)

●●●설명

○之所以 : 접속사. '~의 이유', '~한 까닭'. 뒤에 '是(由于)', '是(因为)', '是(为了)' 등의 어구와 호응함.

笑笑：是你卖给他的吧。这不是你的发明吗？

Shì nǐ mài gěi tā de ba。Zhè bú shì nǐ de fāmíng ma？

范先生：二位都是风险投资的行家。

Èr wèi dōu shì fēngxiǎn tóuzī de hángjiā。

个人对风险投资有一个浅见，咱们共同探讨啊。

Gèrén duì fēngxiǎn tóuzī yǒu yí ge qiǎnjiàn, zánmen gòngtóng tàntǎo a。

风险投资顾名思义，就是越有风险越投资。

Fēngxiǎn tóuzī gùmíngsīyì, jiù shì yuè yǒu fēngxiǎn yuè tóuzī。

没有风险绝不投资。

Méi yǒu fēngxiǎn jué bù tóuzī。

我用人格来担保，这个产品，投资它，太有风险了。

Wǒ yòng réngé lái dānbǎo, zhè ge chǎnpǐn, tóuzī tā, tài yǒu fēngxiǎn le。

特别适合你们这些风投的口味，是高科技板块上市，是划时代的产品。

Tèbié shìhé nǐmen zhè xie fēngtóu de kǒuwèi, shì gāokējì bǎnkuài shàngshì, shì huà shídài de chǎnpǐn。

游客：我就用它跟你猜拳，我要是赢了，麻烦你把它扔到海里去。

Wǒ jiù yòng tā gēn nǐ cāiquán, wǒ yàoshi yíng le, máfan nǐ bǎ tā rēngdào hǎi lǐ qù。

秦奋：是你吗？

Shì nǐ ma？

范先生：还能是谁呢？

Hái néng shì shéi ne？

秦奋：怎么头发都白啦？

Zěnme tóufa dōu bái la？

笑笑 : 당신이 저 사람에게 판 거죠. 당신 발명품 아니에요?

范先生 : 두 분 모두 벤처사업의 전문가들이십니다.

저 또한 벤처사업에 얕은 견해를 가지고 있으니, 함께 토론해 보시죠.

벤처사업이라 하면 말 그대로 위험성이 높을수록 더 투자를 감행하게 되고, 위험성이 없으면 손도 까딱 안 하는 걸 말하는데요. 제가 인격을 걸고 말씀드리겠습니다만, 이 제품에다 투자를 하신다는 건 너무 위험한 일이긴 합니다만, 이것은 여러분들의 모험적인 입맛에 특별히 알맞은 것으로서, 하이테크놀로지 분야에서 한 획을 확실히 남기고 갈 상품입니다.

游客 : 이 걸로 나랑 가위바위보를 해서, 내가 이기면, 이 걸 바다에다 좀 던져 버려 주시겠소?

秦奋 : 당신이군요!

范先生 : 나 말고 누가 더 있겠어요?

秦奋 : 어쩌다 백발이 다 되셨대요?

●●● 단어

行家 [hángjia] [명] 전문가, 숙련가
浅见 [qiǎnjiàn] [명] 천견, 얕은 견해, 천박한 생각
探讨 [tàntǎo] [동] 연구 토론하다, 탐구하다, 조사하다, 연구하다
顾名思义 [gùmíngsīyì] [성어] 이름을 보고 그 뜻을 생각하다, 명칭을 보고 그 뜻을 짐작할 수 있다
担保 [dānbǎo] [동] 보증하다, 담보하다, 책임지다
风投 [fēngtóu] [명] '风险投资'의 줄임말
口味 [kǒuwèi] [명] 맛, 향미, 풍미, 입맛, 구미, 기호
高科技 [gāokējì] [명] 첨단 기술, 하이테크놀로지
猜拳 [cāiquán] [동] 가위바위보놀이를 하다, 벌주놀이를 하다
赢 [yíng] [동] 이기다, 승리하다, 이익을 얻다, 이윤을 남기다

●●● 설명

○ 风险投资 : 벤처사업.

范先生：百年未遇的金融危机，让我赶上了。

Bǎi nián wèi yù de jīnróng wēijī, ràng wǒ gǎnshang le。

今年的经济形势，太不景气了。

Jīnnián de jīngjì xíngshì, tài bù jǐngqì le。

五大投行黄了仨，卖什么都卖不动了。

Wǔ dà tóuháng huáng le sā, mài shénme dōu màibudòng le。

秦奋：别哭啊。别哭，别哭。

Bié kū a。Bié kū, Bié kū。

你听我说啊。这是我卖给你的吧。

Nǐ tīng wǒ shuō a。Zhè shì wǒ mài gěi nǐ de ba。

范先生：嗯。

Ēn。

秦奋：是不是？

Shì bú shì？

范先生：是。

Shì。

秦奋：我再给买回来。你开个价。

Wǒ zài gěi mǎihuilai。Nǐ kāi ge jià。

范先生：二百万。

Èrbǎi wàn。

秦奋：你都要扔啦。一百万!

Nǐ dōu yào rēng la。Yībǎi wàn!

范先生：二百万。

Èrbǎi wàn。

秦奋：一百万。

Yībǎi wàn。

范先生：好，不争了。一百万就一百万。

Hǎo, bù zhēng le。Yībǎi wàn jiù yībǎi wàn。

范先生 : 100년만에 찾아 온 금융위기에 나도 맞닥뜨리고 말았죠.

　　　　 금년 경제상황이, 너무나 불경기였어요.

　　　　 5대 투자은행도 그 중 세 개가 주저앉아버렸으니, 뭘 팔려고 해도 팔리는 게
　　　　 있어야 말이죠.

秦奋 : 울지 말아요. 울지 마, 울지 마시고.

　　　 내 말을 잘 들으세요. 이 건 내가 당신에게 판 거죠.

范先生 : 네.

秦奋 : 그렇죠?

范先生 : 맞아요.

秦奋 : 제가 다시 사 들일 게요. 가격을 말씀해 보세요.

范先生 : 이백 만!

秦奋 : 버리는 판국에 무슨. 백 만으로 합시다.

范先生 : 이백 만이요!

秦奋 : 백 만으로 하자니까.

范先生 : 알았어요. 싸울 필요 없지. 그냥 백 만으로 할게요.

●●● 단어

金融危机 [jīnróngwēijī] 금융위기, 외환위기

形势 [xíngshì] 몡 정세, 형편, 상황

景气 [jǐngqì] 몡휑 경기, 붐(boom), (경제 상황이) 활발하다, 번영하다, 번성하다

投行 [tóuháng] 몡 투자를 주요 업무로 하는 은행

黄 [huáng] 휑동 노랗다, 선정적인, 도색적인, 색정적인, 실패하다, 수포로 돌아가다, 허사가 되다

仨 [sā] 쉬 셋, 세 개 (뒤에 '个'나 다른 양사를 동반할 수 없음)

争 [zhēng] 동 쟁탈하다, 다투다, 논쟁하다, 말다툼하다, 겨루다, 싸우다

●●● 설명

○百年未遇 : '백 년에 한 번 만나기도 어렵다', '매우 보기 드물다'.

○赶上 : '따라잡다', '따라붙다', '추월하다', '우연히 만나다', '마주치다'.

○卖不动 : '动'은 본래 결과보어식의 보어로 사용되어 '(사물의 원래 위치나 모양을) 바꾸다'
　　　　 의 의미를 표시함. '卖不动'은 결과보어식 '卖动'의 가능보어 부정형식임.

秦奋：成交!

Chéngjiāo!

范先生：我说的是英镑。

Wǒ shuō de shì yīngbàng。

秦奋：少废话，我说的是日元。

Shǎo fèihuà, wǒ shuō de shì rìyuán。

范先生：日元啊？

Rìyuán a？

秦奋：嗯。别觉着亏了。

Ēn。Bié juézhe kuī le。

等明年经济好转了，回头我再高价卖出去，和你分享。

Děng míngnián jīngjì hǎozhuǎn le, huítóu wǒ zài gāojià màichūqù, hé nǐ fēnxiǎng。

范先生：看什么呢？ 我看看。

Kàn shénme ne？ Wǒ kànkan。

秦奋：未来!

Wèilái!

秦奋：거래 성립!

范先生：나는 파운드로 부른 거에요.

秦奋：헛소리! 내가 부른 건 엔화거든요.

范先生：엔화라구요?

秦奋：네. 손해봤단 생각은 하지 마세요.
내년에 경기가 좋아지길 기다렸다가, 다시 비싼 값에 팔아치워서, 서로 나눠 먹읍시다.

范先生：뭘 보는 거예요? 나도 좀 봅시다.

秦奋：미래요!

●●● 단어

日元 [rìyuán] [명] 엔화, 일본 돈
好转 [hǎozhuǎn] [동] 호전되다, 좋아지다
回头 [huítóu] [부][동] 조금 있다가, 잠시 후에, 이따가, 고개를 돌리다
高价 [gāojià] [명] 고가, 비싼 값
分享 [fēnxiǎng] [동] (기쁨, 행복, 좋은 점 등을) 함께 나누다(누리다)

●●● 설명

○ 卖出去 : '팔아버리다'. 형식은 방향보어식이지만, 실제 의미는 결과, 완료를 표현함.

46

喝了交杯，幻觉好美。

Hē le jiāobēi, huànjué hǎo měi。

甜蜜方糖，跳进苦咖啡。

Tiánmì fāngtáng, tiàojìn kǔ kāfēi。

信以为真，痛出了眼泪。

Xìn yǐwéi zhēn, tòngchū le yǎnlèi。

没有后悔，可以退，醒来又醉。

Méi yǒu hòuhuǐ, kěyǐ tuì, xǐnglái yòu zuì。

46

합환주를 마시면, 아름다운 환각 속으로.
달콤한 각설탕처럼, 쓴 커피 속으로 뛰어 드네.
진실이라 믿었건만, 통한의 눈물만 쏟아져.
후회 없이, 물러 서고, 깨어나면 또 취한다네.

●●● 단어

幻觉 [huànjué] [명] 환각
甜蜜 [tiánmì] [형] 달콤하다, 유쾌하다, 행복하다, 기분이 좋다
方糖 [fāngtáng] [명] 각설탕
咖啡 [kāfēi] [명] 커피
信以为真 [xìnyǐwéizhēn] [성어] 진실이라고 믿다, 거짓을 진실인 줄 믿다, 가짜를 진짜로 믿다
痛 [tòng] [형][동] 아프다, 슬퍼하다, 가슴아파하다, 애석해하다

●●● 설명

○ 喝交杯: '합근하다', '전통 혼례를 치르며 잔을 주고받다'.

문법설명 색인

●●● 아

●●● 참고문헌

교학사 중한사전
진명출판사 한중사전
흑룡강조선민족출판사 중한사전
상무인서관 신화사전

진정 그대라면(She's the one) 非诚勿扰

초판 인쇄   2015년   1월   20일
초판 발행   2015년   1월   30일

엮 은 이 ┃ 임 영 택
발 행 인 ┃ 하 운 근
발 행 처 ┃ 學古房

주   소 ┃ 서울시 은평구 대조동 221-4 우편번호 122-844
전   화 ┃ (02)356-9903편집부(02)353-9908
팩   스 ┃ (02)386-8308
홈페이지 ┃ http://hakgobang.co.kr/
전자우편 ┃ interbooks@naver.com, interbooks@chol.com
등록번호 ┃ 제311-2008-000040호

ISBN   978-89-6071-472-4   13720

값 : 20,000원

이 도서의 국립중앙도서관 출판시도서목록(CIP)은 서지정보유통지원시스템 홈페이지
(http://seoji.nl.go.kr)와 국가자료공동목록시스템(http://www.nl.go.kr/kolisnet)에서 이
용하실 수 있습니다.(CIP제어번호 : CIP2015001733)

■ 파본은 교환해 드립니다.